"中国劳模"系列丛书

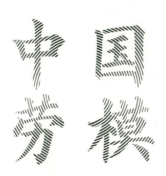

矿山救援的生命之光

李远伟

席寒冰◎著

吉林出版集团股份有限公司

全国百佳图书出版单位

图书在版编目（CIP）数据

矿山救援的生命之光：李远伟 / 席寒冰著.

长春：吉林出版集团股份有限公司，2024.9. --

（"中国劳模"系列丛书 / 徐强主编）. -- ISBN 978-7

-5731-5456-9

Ⅰ. K826.16

中国国家版本馆CIP数据核字第2024B9D163号

KUANGSHAN JIUYUAN DE SHENGMING ZHI GUANG: LI YUANWEI

矿山救援的生命之光：李远伟

出 版 人	于　强	
主　　编	徐　强	
著　　者	席寒冰	
组稿统筹	东北师范大学文学院创意写作研究中心	
责任编辑	石榆淼	
装帧设计	崔成威	

出　　版	吉林出版集团股份有限公司	
发　　行	吉林出版集团社科图书有限公司	
地　　址	吉林省长春市南关区福祉大路5788号　邮编：130118	
印　　刷	唐山富达印务有限公司	
电　　话	0431-81629711（总编办）	
抖 音 号	吉林出版集团社科图书有限公司　37009026326	

开　　本	710毫米×1000毫米　1 / 16
印　　张	8.75
字　　数	90千字
版　　次	2024年9月第1版
印　　次	2024年9月第1次印刷

书　　号	ISBN 978-7-5731-5456-9
定　　价	55.00元

如有印装质量问题，请与市场营销中心联系调换。0431-81629729

序　言

劳动创造财富，劳动创造幸福，劳动创造未来。习近平总书记在 2020 年全国劳动模范和先进工作者表彰大会上的讲话中指出："全社会要崇尚劳动、见贤思齐，加大对劳动模范和先进工作者的宣传力度，讲好劳模故事、讲好劳动故事、讲好工匠故事，弘扬劳动最光荣、劳动最崇高、劳动最伟大、劳动最美丽的社会风尚。"当今世界，综合国力的竞争归根到底是科技人才和高素质劳动者的竞争。改革开放以来，我们强大的工人队伍用辛勤劳动和拼搏奉献推动中国制造、中国智造、中国创造走向世界的前列，新时代的中国面貌日新月异。大力弘扬劳模精神、劳动精神、工匠精神，加强高素质技能人才队伍建设，打造一支宏大的知识型、技能型、创新型劳动者队伍是伟大时代赋予我们的历史责任。

劳动模范是民族的精英、人民的楷模，是共和国的功臣。自改革开放以来，广大职工勇立改革潮头，独立自主，奋发图强，勇于创新，其中涌现出一批批全国劳模和大国工匠，他们参与建设了代表中国高度、中国速度、中国深度的一系列重大工程，提升了国家实力，打造了"中国名片"，树立了"中国品牌"，增添了"中国力量"，充分释放出工人阶级的创新活力，展示出大国工匠强大的创造能力。他们以工人阶级的满腔热忱在各自平凡的工作岗位上创造了辉煌的业绩，书写了新时代的壮丽篇章。

爱岗敬业、争创一流、艰苦奋斗、勇于创新、淡泊名利、甘于奉献的劳模精神，崇尚劳动、热爱劳动、辛勤劳动、诚实劳动的劳动精神和执着专注、精益求精、一丝不苟、追求卓越的工匠精神，是广大劳动群众在社会生产实践中锤炼形成的弥足珍贵的精神财富，是工人阶级伟大品格的具体体现，是民族精神和时代精神的生动体现。民族复兴需要劳动模范，祖国强盛需要大国工匠，中国制造、中国智造、中国创造更需要大国工匠的强有力支撑。劳模、工匠等的成长故事、先进事迹中承载的劳模精神、劳动精神和工匠精神，是激励全国各族人民团结奋斗、勇往直前的强大精神力量。

"中国劳模"系列丛书，采用图文结合的方式，讲述全国劳模、大国工匠和先进工作者的成长经历及他们追梦、筑梦、圆梦的故事，用他们在平凡岗位上创造不平凡业绩的真实故事感染读者，形成劳动最光荣、劳动最崇高、劳动最伟大、劳动最美丽的社会风尚，引导广大技术工人和青少年形成劳动光荣、技能宝贵、创造伟大的观念。

"匠心筑梦，强国有我。"新时代是一个万象更新、生机勃勃的时代，也是一个继往开来、创新创业和建功立业的大时代。希望广大读者能以劳动模范为榜样，以大国工匠为楷模，立志技能报国、技术强国，踔厉奋发，勇毅前行，锤炼思想品格，汲取劳动智慧，勇于担当、勤于钻研、甘于奉献，为推进新型工业化和乡村振兴，为加快建设制造强国、质量强国、航天强国、交通强国、网络强国、数字中国、农业强国，全面建设社会主义现代化国家贡献青春力量。

高凤林

中华全国总工会副主席（兼）

中国航天科技集团有限公司第一研究院

211 厂 14 车间高凤林班组组长

2022 年 11 月

 扫码解锁

◉群英颂歌 ◉不畏艰难
◉守护生命 ◉奋斗底色

传主简介

　　李远伟，1990年3月出生，河南夏邑人。中共党员，现任贵州豫能投资有限公司永贵能源矿山救护大队副大队长。曾获全国劳动模范、全国技术能手、全国五一劳动奖章、全国青年岗位能手、全国职工职业道德建设先进个人、中国青年志愿先进个人、全国优秀团干部等荣誉。

　　2009年底，李远伟踏上贵州省的土地，开始了他的矿山救援生涯。工作10多年来，李远伟坚守矿山救援一线，多次带领队伍参与处理矿山爆炸、水灾、火灾、煤与瓦斯突出等社会自然灾害及重特大事故20余起，抢救遇险遇难人员160余人，为企业和地方作出了突出贡献。李远伟多次参加各项技术大赛并取得优异成绩。2018年，他开始以教练及评委的身份出席各种大赛。

荣誉嘉奖无数，却依然谦逊务实，李远伟在工作中"燃烧自己"，甘于奉献，成为矿山的一道生命之光。

目　录

第一章　童年与成长

扫码解锁

◉群英颂歌 ◉不畏艰难
◉守护生命 ◉奋斗底色

那是一个夏季的清晨，贵州的山川之间还弥漫着淡淡的雾气，如一幅静谧而美丽的水墨画。黔西市的一个矿山救护队同往日一样，一群新队员正在集合点名。

"报数！"队长的声音洪亮而坚定，回荡在空旷的操场上。

"一，二，三……十！"大家手指并拢，紧贴裤缝儿，昂着头，扯着嗓喊道。

这时，一道陌生的身影走入了这些新队员的视线。这个人虽身材消瘦，但姿态坚毅挺拔，仿佛一棵不屈不挠的松树。他的双眼深邃而明亮，炯炯有神，透露出坚定和果敢。在队长的介绍下，这群十八九岁的新队员得知：这个人就是刚刚斩获全国劳模荣誉的英雄人物，更是队中久负盛名的铁血战士，他就是咱们的主人公——李远伟。

生命的破晓

时光的列车带着我们穿越回 20 世纪 90 年代，1990 年 3 月的一天，太阳刚刚升起，人们便开始了辛勤的劳作，耕种、喂猪……大家专注手上的活计，努力地生活着，勾勒出时代的纹理。

河南省商丘市夏邑县太平镇赵庄村赵楼传来一声响亮的啼哭，一个小生命在李家呱呱坠地。

"屋里头的[1]，我瞅瞅，男娃女娃啊？"

"他爹，带把儿的。"

"好，好，三个兄弟一条心，门前泥土变黄金。"

这个男娃就是李远伟。可是泥土并没有如父亲期盼的那样变成黄金，田地里作物的产量低得可怜，家里有五张嘴，粮食根本不够吃，生活已是捉襟见肘。

为了养家糊口，李远伟的父亲经常去山东拉石头回河南出售，以补贴家用。

"他爹，别太累了。"母亲给又要出门的父亲整了整破旧的衣服，又捋顺了他散乱的头发，眼里满是心疼。

---

[1] 男人对老婆的称呼。

父亲出门后，母亲就在家照顾李远伟和他的两个哥哥。

李远伟是家里最小的孩子，父母对他宠爱有加。偶尔家里有点儿好吃的，不论是自家地里种的菜，还是难得开的荤，或者邻居送来的点心，父母虽尽量公平地分配给每个孩子，但不经意间，还是会给李远伟一点儿额外的照顾。两个哥哥也不吃醋，反而和父母一样，宠爱着自己的小弟弟，总把最好的东西让给李远伟。

两个哥哥非常懂事，经常帮母亲干些力所能及的家务。李远伟也毫不逊色，虽然人小，但总抢着干活儿，有好东西也会主动和哥哥们分享。

一家五口就这样在不高的屋檐下过着日子，无论苦乐。

父亲每出去拉一趟石头，再见面时都已相隔多日。有段时间，父亲出去的日子越来越多。

一天晚上，父亲拖着疲惫的身体回到了家。母亲看到他的样子，心中不禁一沉。她知道，丈夫又经历了许多艰辛。

"他爹，最近石头卖得怎么样？"晚饭时，母亲忍不住问起父亲在外的情况。

父亲埋着头吃面，半晌才抬起黑着的脸，"石头一直在降价，卖不了几个钱，再这样下去，娃们怎么办……"

母亲手中的筷子滞了一下。她看着眼前的三个孩子，心中涌起一股难以言喻的酸楚。她强忍住心中的悲伤，微笑着说："没事，养得起……"说完，母亲抽了下鼻子，便埋头扒拉碗里的食物。

父亲也默默吃着饭，没有再说话。

屋里的灯亮了一夜。

几天后的饭桌上，父母微红着眼，互相看了一眼，然后父亲开口说道："娃娃啊，爹娘决定出去打工，多挣些钱，给你们买好吃的。"

"啊？去外面？"李远伟大哥问。

"是，去外面打工，挣钱多些。"

大哥突然想到了什么，"那我们也一起去吗？"

李远伟母亲泛红的眼眶里有热泪在打转，"不中，你们去不了，爹娘去，乖，你们等着我们回来……"

"那我们怎么办？我们也要和你们一起去。"李远伟二哥显得有些着急。

"你们……你们就去……"母亲的胸脯一起一伏的，眼泪似断了线的珠子，此时的她已说不出话来。

"屋里头的，你干啥呢？我来说吧。我和你们娘出去打工，老大，你去姥姥家里住一段时间，老二、老三，你们就去二姨家。我和你们娘已经和他们说好了，明天就送你们过去。"

此话一出，三个孩子都不知所措地哭了起来，母亲用胳膊肘推了一下父亲。

"别哭了孩子们，爹说的是暂时的，过一段时间就去接你们。"

篱下为家

1995 年，5 岁的李远伟和二哥被父母送去二姨家寄养。二姨把他们让进屋里，热情地招待。

大人坐在一起寒暄，孩子早在一旁玩成一团。二姨家里已经有三个孩子，住宿条件非常有限，李远伟不得不和二哥住在牛棚里。二姨在牛棚的稻草上铺上床铺，两兄弟当晚就在这里躺下，感受着稻草和泥土的混合气息，听着牲畜的叫声入睡了。夜晚的微风拂过，李远伟睡得很香，吧唧着嘴梦见自己正吃着牛肉。

二姨家也不富裕，但是二姨和姨父对李远伟兄弟俩非常好。每到添置换季衣物时，二姨总是先想到他俩。她会带着他们到村里的集市上，让两兄弟能够穿上崭新干净的衣服。到了上学的年纪，二姨更是早早为他们缝制了书包，供两兄弟上学读书。

每天放学一到家，孩子们便甩下书包，跑到田野里玩耍。他们奔跑、嬉戏、抓小鱼，一直到黄昏来临，才听着大人们的呼唤跑回家里吃晚饭。吃完饭，他们便坐在灯下认真地完成作业。昏黄的灯光下，孩子们的身影显得格外专注，似乎他们不是在写字，而是在书写时光。

⊙ 1996年春节，李远伟（右）与二姨家表弟的合影

被寄养在二姨家的日子里，还是孩子的李远伟不知艰苦，但无数个星夜中，他总会想念自己的家，尤其是在雨天，看到同学的家长来学校接他们回家时，李远伟总忍不住想起父母和大哥，会感到隐隐的失落和不自在。因为只有春节的时候，他才能和自己的父母兄弟团聚。

一晃两年过去了。李远伟7岁那年，父母将三兄弟接回了家，一家人终于团聚了。这对于孩子们来说无疑是天大的喜事，他们迫不及待地回到了父母的怀抱。

大家围着桌子拉家常，讲述着各自的两年时光。孩子们蹦啊跳啊，笑啊闹啊，尽情释放着内心的喜悦和兴奋，笑声回荡在屋子里。

可是没过几天，父亲又背上行囊，踏上了远行的路。他此行的目的地是陌生而遥远的城市，为了家里的生计和孩子们的未来，他不得不离开温暖的家，继续外出打工，去面对那些繁重而辛苦的工作。

父亲离家后，照顾三兄弟的重任自然又落到了母亲身上。

夏季常有大雨，冬季常飘大雪。虽然回到了自己家中，李远伟却仍在这样的天气羡慕别人的家长可以来接孩子回家。每每看到雨伞下，一大一小两个拉着手走远的身影，李远伟总有些失落。

后来，父亲知道了他的心事，他劝慰李远伟："作为一个男子汉，你要坚强点儿。父母每天有一大堆的事情要忙，哪有时间去接送你们呢？"

李远伟听了，低着头，抿着嘴，没有说话。

可渐渐地，李远伟开始慢慢理解了父亲的难处。李远伟觉得自己的父亲非常伟大，即使他没有受过高等教育，也能够担起家庭的重担，他吃苦耐劳的精神让李远伟深感钦佩。

母亲也没有受过高等教育，但她总是能给孩子们讲述许多有趣的故事。她教导孩子们在学校里要与同学和睦相处，不要与他人发生争执，更不要打架。她还告诉孩子们要向成绩优秀的同学学习。这些教诲都深深地烙印在李远伟的心中。

母亲常说的一句"吃亏人常在"让李远伟印象尤为深刻，这句话正是李远伟在今后的人生中不断体味到的生活的真谛：应该学会宽容和谦逊，不要计较得失。

在父母的言传身教下，李远伟三兄弟逐渐养成了独立自主的性格和良好的品质。

成长的泪水

1999年，对于我们的国家来说，是一个充满历史意义的年份；对于李远伟来说，是他整个小学生涯中难以忘怀的一年。在这一年里，他见证了祖国的历史性时刻——澳门回归祖国的怀抱。澳门回归那一天，澳门街头人头攒动，红旗飘扬，全国都沉浸在欢乐祥和的氛围中。学校也组织了各种庆祝活动，让小小的李远伟更加深刻地体会到了澳门回归的意义。

李远伟清晰地记得那一天，阳光格外明媚，整个校园都洋溢着欢乐的气氛。他和同学们一起参加了学校组织的庆祝大会。在大会上，他们观看了关于澳门回归的纪录片，听老师讲述了澳门的历史和回归的艰辛历程。那一刻，他仿佛感受到了澳门人民重回祖国怀抱的激动心情，他也为自己是一个中国人而感到无比自豪。这激发了李远伟努力学习、报效祖国的决心。

这一年，李远伟三年级。一、二年级时的期末考试，李远伟都是第一名，是名副其实的"常胜将军"。这一次的期末考试也如期而至。到了公布成绩的那天，李远伟听到了自己这一年的学习成果：数学第二名，语文第四名。当时的小学就只考查这两门功课，综合成绩排前三的学生可以获得三张奖状。

听到老师念出自己成绩的那一刻，李远伟一时无法控制自己的情绪，泪水夺眶而出。手里的两张奖状上，赫然写着李远伟三个字，这已经是令同学羡慕、被家长树为榜样的成绩，可在李远伟的小脑袋中，自己的综合成绩连前三名都没有进入，他感到失落极了，这件事仿佛是他人生中最悲伤的事情。

李远伟拿着两张奖状一路哭着往家里走。一个同学劝李远伟："你看我一张奖状也没得，不也没啥事儿吗！"

小小的李远伟走在回家路上，红着小脸蛋，一边哭泣一边想：这次的成绩落差这么大，回家后父母肯定会批评我的。他们对我该有多么生气和失望。

然而，当李远伟走进家门的那一刻，却发现父母和平常并没有什么不同，他们已经把饭菜都准备好了。

父母看到李远伟满脸泪水，手里还紧紧攥着两张奖状，立刻就明白了这次老三的成绩可能不怎么理想。他们并没有像李远伟想象中那样大发雷霆，母亲微微笑着，亲昵地呼唤："小伟，没考第一吧？没关系，先吃饭吧。"

李远伟慢慢地坐下，低头开始吃饭。桌上还是母亲做的家常菜，但是吃在李远伟的口中，却有点儿不知是什么滋味了，十几分钟后，李远伟在忐忑不安中把这顿饭吃完了。

父亲起身去干活儿，临走时他对李远伟说："考砸了也不要灰心，成绩只代表过去，四年级好好努力就行了。"随即拍了拍李远伟稚嫩的肩膀。

李远伟抿着嘴没有回应。

母亲也笑着开口，对李远伟说："哪有常胜的将军？今天奖励小将军刷碗，然后承包这个暑假喂猪的活儿。"

父母的体谅让李远伟的心里好受了一些。

他感觉到，虽然父母看到自己这次的成绩没有像以前那样高兴，但他们还是对自己充满了认可和期待。

等全家人吃完饭，李远伟把碗收起来，端进厨房，开始刷碗。刷完碗后，他把奖状展开，夹在书本里，放在柜子底下。他在心里默默地告诉自己：过去的就让它过去吧，今后还要努力读书，帮助父母分担家务，让父母感到欣慰。

从那以后，李远伟不再有那种非要拿第一的心态了。他开始明白，凡事只要尽力就好。即便如此，小学四、五年级，李远伟依然是那个成绩数一数二的好学生。

有一次，邻居婶婶去李远伟家里借自行车，发现李远伟就趴在院子里的石台上写字，她凑近一看，发现李远伟是在预习新课。婶婶看了赞不绝口，对李远伟的父母说："你家老三真努力，学习这么自觉，不像俺家那几个，拿根棍子在后面追也不肯多看一页书。你家老三啊，将来肯定有出息！"

一到暑假，别的孩子都结伴去河边玩耍、摸鱼，李远伟却整个暑假都在忙着帮家里喂牲口、下田除草，做完这些，他就把脑袋埋进书里学习。渐渐地，村里很多孩子也就不找他玩了。来找他唯独一件事，就是想要他帮忙写作业。李远伟上课认真听讲、成绩优异，这是同学们有目共睹的，在很多同学的心目中，他性格也好，乐于帮助同学，于是几个顽皮的孩子便缠着他帮自己写作业。

一开始，李远伟还乐呵呵地"帮助"同学，可后来他意识到，这对同学来说并不是真正的帮助，便拒绝再"代写"，并认真向同学解释原因。

李远伟不仅是坚守原则的人，也是大家公认的热爱集体的"小标兵"。

有时候，快要放学了，老师忘了提前安排值日生，便会走到教室里问大家："今天谁能留下来为班级打扫卫生？"话音刚落，有的同学会装作在课桌里翻东西，有的和别的同学窃窃私语，有的甚至开始收拾书包，准备回宿舍了……李远伟却总会举起手来，说："老师，让我来吧！我愿意留下来为班级打扫卫生。"

放寒假了，田地里基本没什么活儿，李远伟仍然大部分时间都待在家里，除了学习，就是和哥哥们玩乒乓球。

没钱买球拍，李远伟就自己用木板制作球拍。没有球桌就用门板代替，门板中间放块儿砖当作球网。在寒冬中，李远伟拿着自制装备，和两个哥哥玩得像模像样。

"赛点了，赛点了！"二哥喊道。

啪的一声，李远伟将手中的乒乓球击打而出，开启了战局。两人你来我往，比分胶着。关键时刻，李远伟一记削球，球以出乎二哥意料的运动轨迹落在了"球桌"上，二哥没有接到，最终李远伟赢下了这局。

"漂亮！"哥哥们毫不吝啬对李远伟的夸赞。

自制装备虽然简陋，但孩子们玩得十分开心，李远伟至今仍怀念那份纯粹的快乐。

有一年农忙时节，家家户户都忙着收麦子。那个时候，小型机械收割机刚刚投入使用，机过麦收，十分省力。可那些倒下的麦子是收割机的盲区，就得人工用镰刀去收。那段时间，李远伟一家光是打理收割机可以收割的地都要从日出忙到夜幕降临，根本顾不上那些倒下的麦子。

有一天，一家人照例忙到很晚。刚一进家门，外面就下起了瓢泼大雨。母亲匆忙下厨做了晚饭，大家坐在饭桌前狼吞虎咽地吃着，突然母亲发现没看到李远伟，忙问道："老三呢？干啥去了？吃饭也不来。"

大哥应道："咱们忙着另一块儿麦地的时候就没见他。"

二哥接了一句："该不会跑到其他地方偷懒去了吧。"

父亲却有些狐疑，"不会吧，这也不是老三的性格啊，而且还下着大雨，就算偷懒，这时候也该回来了"。父亲说着起身，放下碗筷说："你们先吃，我去邻居家找找。"

"我家小伟在你家吗？"父亲找遍了周边邻居家也没见到李远伟的影子，这下父亲开始着急了，立即喊家人都出来找他。

"小伟——小伟——"大家都大声呼喊着，语气急促。可是喊声飘进大雨里，传不了多远就被打散了。

一直找到隔壁村，老师和同学家也都问了，整整三个小时，他们也没找到李远伟。雷雨交加的天气更揪紧了家人的心。

正当大家一脸着急地商量要不要发动村里邻居一起找李远伟时，突然看到一个小小的身影从远处吃力地拉着满满一大架子车的东西朝家的方向赶来。

大家迎上去一看，正是李远伟，父母看到李远伟回来了，一时又气愤又欣慰。父亲说："小兔崽子，这么多人在找你，为你担心！"

母亲则一下抱住他，把淋成落汤鸡的李远伟从头到脚检视了一遍，"下那么大的雨，你也不知道回家？"

李远伟却说："你们都忙着其他的麦地，下大雨了，我看着这些倒下没收掉的麦子，如果不赶紧收掉，太可惜了……"原来他一个人用镰刀把收割机漏下的麦子全部割完给拉回来了。

听到这里，大人们的眼眶有些发红，在雨幕中竟分不清是泪水还是雨水。

少年舍学

"爸，妈，我考上了！"2005年的一天，李远伟一进门就告诉父母自己考取了一所重点高中。

父母听到后很是高兴，"娃出息了！"随即又有点儿发愁。在那个年代，一个农村家庭要供养三个孩子读书，无疑是一项异常艰巨的任务。

看到父母脸上的表情，李远伟就明白了过来。虽然非常想去重点高中学习，但是懂事的李远伟了解家里的经济状况，为了减轻父母的负担，权衡之下，他还是选择去那所普通高中上学，因为普通高中可以免除部分费用。

父母既心疼又无奈。

李远伟反过来安慰他们："没事，只要自己努力，到哪个学校都能有好成绩。"

父亲听了，拍了拍李远伟那单薄的肩膀。

李远伟手里紧紧握着重点高中的录取通知书，纸张上的文字仿佛跳动着生命的火焰，他知道，这张通知书是对自己努力学习的莫大肯定。然而，当他的目光从通知书上抬起，落在家里破旧的家具和因辛勤劳作而满脸疲惫的父母身上时，他的心中又不禁坚定起来。

李远伟将通知书放到抽屉里，轻轻地把抽屉关上了。

暑假过后，李远伟背着行囊，离开家乡，来到夏邑县城继续高中的学业。

时光荏苒，李远伟依然是那个努力向上的少年。他对父母的那句安慰："只要自己努力，到哪个学校都能有好成绩。"也是一种承诺，他用行动践行了自己的诺言。在高二的一次全校颁奖大会上，李远伟赫然听到了自己的名字："李远伟，学习刻苦，成绩优秀，特此颁发奖学金，以兹鼓励。"

李远伟昂首挺胸，脸上挂着难以抑制的笑容，骄傲地走上台领取了二百元的奖学金，接受了这份荣誉。

不断提高的学习成绩是对一直努力拼搏、刻苦学习的李远伟最好的回馈。然而，现实再次击碎了少年的读书梦。家里经济紧张，已无法供三个人读书，尽管成绩优异，李远伟还是咬咬牙，含着热泪做出了一个艰难的决定：放弃学业，跟随同学去苏州打工。

这一次，父亲的眉头皱得更深了："娃啊，你为这个家牺牲得太多了，这次你就听爹一回，继续念书，钱的事情爹来想办法解决，你只管去读书就是。"

虽然很不甘，李远伟却异常坚定："爸，妈，不中。我已经决定了，小时候，哥哥们总把最好的东西让给我，该轮到我让一次了。再说了，读书不是唯一的路，只要努力，你儿子一样会有出息的。"

夕阳把李远伟的影子拉得老长老长。那时，李远伟刚满16周岁。

初入江湖，不惧风雨

初到苏州的李远伟人生地不熟，跟着同学跑了不少地方。由于年纪小，又没有文凭，吃了不少闭门羹。可这些委屈和苦楚，他愣是没和家里诉一声。晚上回到简陋的住处，华灯初上，他也会对这个五彩的世界感到迷茫。可这些困难从来没有打倒李远伟。终于，李远伟找到了谋生的工作，他一如既往地吃苦耐劳，厨工、传菜工、服务员、搬货工，李远伟干起来样样认真，样样像样。其中，厨工的工作他干得最久。

厨房里，师傅切、推、片、削、剁、斩，刀工精细，翻锅自如，火候正好，投料适量，勾芡恰当，出锅及时。初入厨房的李远伟首先要学的是切菜和配菜，这是厨房中最基础却至关重要的技能，它们直接影响到菜肴的口感和外观。

　　毕竟是刚刚踏入社会，饶是有师傅负责带着，李远伟也因为对工作的不熟悉和技能的欠缺而经常犯错误，手忙脚乱，被厨师或者老员工们批评，但李远伟从不抱怨，而是虚心接受，继续努力工作。厨房的工作异常忙碌，几乎没有歇脚的时间。好在李远伟年轻，浑身是劲儿，身体的恢复能力也强，工作再苦再累，回到住处的他往床上一躺，第二天醒来就又充满了活力，能够全力投入新一天的工作。虽然生活节奏非常快，但李远伟乐在其中，因为他深知，这是他成长的过程，也是实现自身价值的过程。

　　不久，带李远伟的师傅被调到了其他岗位。临走时，他拍了拍李远伟的肩膀："小李啊，你认真学，总有一天你也会成为大厨的。"李远伟深受鼓舞，对自己、对未来充满了信心。

　　师傅离开后，李远伟就跟随厨房里其他师傅学习，观察他们的工作方式，学习他们的烹饪技巧。在学习和适应这个陌生的工种的过程中，李远伟也在学习和适应着这座陌生的城市。

　　之所以在厨工的岗位上干得最久，是因为李远伟认为，这个职业可以让他学到一门手艺。烹饪各种美食，掌握不同的烹饪技巧和食材搭配方法是一项非常有用的技能，不仅可以满足自己的口腹之欲，还可以为将来的发展打下基础。此外，厨工的工资虽然不高，但是精打细算节约开支，除了勉强维持自己的生活开销，还能给家里打一些钱。李远伟感觉自己长大成人了，可以为家里提供一些经济上的支持，为父母分忧，对他来说，这是一种责任和担当。

"喂，婶，我是小伟，我爸妈在吗？"家里条件有限，没有安装座机电话，李远伟每次打电话需要打到对门婶婶家里，再请婶婶去喊爸妈来听电话。

过了许久，电话那头传来父亲或母亲的声音："喂，小伟啊。"

"爸、妈，你们最近好吗？"

"哎，好，好得很。小伟啊，你一个人在那边可好啊？"

"我也好得很。我给家里寄了点儿钱，你们记得去取。"李远伟向来懂事孝顺，吃的苦只往自己肚里咽，他从来都是报喜不报忧。

"小伟啊，你挣的自己花就行了，家里好得很，不用担心。"

"哎呀，我自己花的已经留够了，等我过年回去，给你们带好吃的！"

李远伟觉得，孤身一人在异乡生活的苦涩的日子，总能被这一份温暖的亲情染上暖意。

日子一天天轮转，李远伟也日渐成长，厨艺渐渐有了起色。酒楼里的一位厨师长是李远伟崇拜的对象，他不仅做菜好吃，待遇也非常高。无论食材简单还是复杂，只要是厨师长做出来的菜品，哪怕是家常小炒，也总是能够得到客人的赞赏和青睐。厨师长的高超厨艺让李远伟十分羡慕，他的成功也激励着李远伟，让他更加坚定了自己要成为一名优秀大厨的决心。

2009年底，就在大家都以为生活渐入佳境的时候，酒楼开始有些不景气，生意逐渐走下坡路。服务员们有时间透过玻璃窗看着街上的行人，厨房里则不再忙碌，时常能够歇息，进食材的频率也开始变得没那么高。

19岁的李远伟皱起眉头，思考着出路。

就在这时，一个小学同学给他打来电话，带来了振奋人心的消息，使李远伟的人生轨迹拐向了另一个方向。

同学告诉他：贵州的一个矿山救护队正在招募队员。这个消息引起了李远伟的兴趣，因为曾经成绩优异的他一直梦想成为一名医生救死扶伤，而救护队的工作正是救死扶伤。

经过深思熟虑，李远伟辞去了在苏州的工作，毅然决然地前往贵州。尽管这意味着自己要放弃在苏州的一切，包括工作和押金，但是李远伟坚信，这是实现个人价值的机会。

⊙ 李远伟工作照

第二章　救护队中崛起的英雄

扫码解锁

◉群英颂歌　◉不畏艰难
◉守护生命　◉奋斗底色

初识矿山真面目

2009 年的冬天，寒风凛冽，19 岁的李远伟背着简单的行囊，孤身一人乘坐绿皮火车前往贵州省安顺市。

车窗外，山峦起伏，古木错落，流水与山石相映成趣，雄峻的景色从窗口飞快地掠过。李远伟心情复杂，他有点儿激动、期待，又有些许的不安和难挨，因为这趟列车将会带他去往另一个陌生的城市，他将面对的是未知的挑战和机遇。

历经 32 个小时的颠簸，晨曦再次攀坡照岭，火车终于抵达了安顺站。下了火车后，李远伟掏出兜里揣着的地址，询问了路人，才发现自己离目的地还有一段距离。又坐了 5 个小时的汽车，李远伟到达了兴仁县[1]——一个他从不曾听闻过的小县城。接着，他又拖着行李转乘，上了一辆公交车。

车子在崎岖的山路上摇晃颠簸着，透过车窗向外看是一片悬崖峭壁，且没有任何护栏。这样的情景令李远伟有些惴惴不安，原本充满期待的心凉了一大截儿。然而，当他想起自己即将奔赴的是应急救援这个神圣的职业，李远伟的心又热起来，他暗下决

---

[1]　现兴仁市。

心：一定要坚持下去。

李远伟前来应聘的矿山救护队依托永能能源开发有限责任公司（现更名为贵州豫能投资有限公司）建设，是2004年河南能源化工集团响应国家西部大开发号召进入贵州成立的。2008年8月，救护队成立，主要承担公司下属各矿井以及与救护队签订矿山救援协议的煤矿、非煤企业等的应急救援任务。经过长期的发展，救护队在处理水、火、瓦斯、顶板等矿井灾害事故和山体滑坡、泥石流、森林火灾等地面灾害事故中积累了丰富经验。

与李远伟同期来到这座大山里应聘矿山救援队员的有40人。抵达目的地后，大家就开始了为期三个月的体能训练。

训练的第一天，一大早，初升的太阳尚未驱散天边最后一抹深蓝，李远伟就从被窝里爬起来，迅速整理装备，和队友们一起劲头十足地进行10公里长跑训练。一开始，李远伟在队伍的中间按照自己的步伐跑着，呼吸均匀，步伐有力。可跑了一段后，近年没怎么专门强身健体的李远伟渐渐疲乏起来，虽是寒冬腊月，他却不停地冒汗，口中呼出的气息在空气中变成节奏紊乱的白色雾气，双腿开始变得沉重，每一步都像是踩在棉花上。到了后半段，李远伟逐渐被甩到了队伍的后列。他感到自己的心似乎都要从胸口跳出来，每一次呼吸都像是从肺部深处挤出来一样艰难。但是李远伟没有停下脚步，他攒住一股劲儿，愣是坚持跑完了这10公里。长跑结束后，喘着粗气的李远伟不敢马上坐下，他在场地上走了一段作为缓冲。他知道，这只是训练的开始，后面还有更多的挑战。

到了下午，大家又背负着重物在苍茫的山间开始了20公里行走训练。山路崎岖，时而陡峭如壁，时而泥泞难行。到了后程，李远伟的每一步都走得疲惫艰难。他的额头上布满了汗珠，呼吸也变得急促。但是看着队友们坚定的身姿，并不魁梧的李远伟没有气馁，而是咬紧牙关，不断调整呼吸，更加努力地调整自己的步伐，寻找节奏，尽力跟上队伍，他告诉自己：只要坚持下去，就一定能够到达目的地。最终，大家筋疲力尽地走完了全程。

除了跑步和负重行进，还有各种高强度的训练项目等着他们。

如此往复，落在后列的李远伟给自己制订了一个增加体能的计划。每天结束正常的训练后，他依然不愿松懈下来，抓住一切时间进行额外的训练，因为他知道，体能是一个救援人员必备的素质。

夜幕降临，天边的余晖被点点繁星取代。结束了一天的体能训练，队员们就聚集在教室里学习各种理论知识。由于矿山救援行业的特殊性，对救援人员专业知识的要求非常高。从相关法律法规，到各种煤矿井下采、掘、机、运、通的知识，再到自然灾害应急救援的处置方法，等等，涵盖范围广，知识点繁多。

就这样，在初到救护队的前三个月里，新队员们过着白天体能训练和掌握救援仪器设备的正确使用方法，晚上理论学习的线性生活，单调而规律。在这些充满挑战的日子里，李远伟经历了许多艰苦的训练和考验，不断地克服困难，弥补自己的不足，比任何人都努力。他曾在寒冷的冬夜里坚持跑步，直到双腿麻木；

他曾在陡峭的山路上负重行走，直到筋疲力尽。这样艰苦的生活，非常人可以坚持，同期的 40 人里，就有不少人选择离开，也有些人因为觉得自己无法胜任这份工作而放弃。但李远伟始终坚信自己的选择是正确的。在他心中，这只是一个开始，未来的路还很长。

三个月后，历经了高强度训练的洗礼的李远伟迎来了职业生涯中的一个重要时刻。他凭借着坚韧不拔的毅力和合格的表现，成功地通过了考核，正式成为救护中队[1]的一员，迈入了编队实习的新阶段。

当时，一个队有 9 个人，队员们每天依然需要进行常规的高强度训练和学习，同时又加入了不少项目和内容，尤其是设备的操作、实践性的隐患排查或者抢险救灾等训练。

虽然进入了编队实习，但李远伟觉得自己的综合体能还是没有达到预期。为了改善这一情况，李远伟再一次给自己制订了新的体能训练计划，他几乎放弃了所有的探亲时间和休息时间，将全部精力投入训练中。每天清晨 5 点 30 分开始，李远伟就全心全意地投入训练，无论是跑步、举重、爬绳，还是其他体能训练项目，都毫不松懈。他不断地挑战自己的极限，逼迫自己突破一个又一个难关。

除了早上的加训外，李远伟还利用午休和晚上的时间进行额外的训练。他每天都要练到晚上 10 点 30 分才结束。

---

[1] 李远伟所在的矿山救护队分为大队、中队及小队，大队包含三个中队，一个整编中队包含三个小队。

李远伟相信，只要心中有信念，脚下有力量，就一定能克服一切困难，实现自己救死扶伤的目标和梦想。

在一个紧张的集训日，阳光炙烤着大地，热浪滚滚，空气中弥漫着汗水的味道。李远伟和队友们正在操场上进行高强度的体能训练。突然，李远伟感到腹部一阵剧烈的绞痛，仿佛有无数根针在扎他的肠子。他的脸色瞬间变得苍白，豆大的汗珠从额头滑落，浸湿了衣襟。他双手紧紧按住腹部，身体不由自主地蜷缩成一团，脸上露出难以忍受的痛苦表情。队友们见状，立刻停止训练，围了上来，关切地询问他的情况。

"李远伟，你怎么了？哪里不舒服？"大家焦急地问道。

李远伟艰难地抬起头，嘴角挤出一丝苦笑。他喘着粗气，声音微弱："我……我肚子疼得厉害，可能是肠痉挛。"

闻言，立刻有队友去叫医生，同时其他人帮忙把李远伟平放在地上，尽量让他放松身体。不一会儿，医生匆匆赶来，仔细询问了症状，并进行了初步检查。

"确实是肠痉挛，建议你还是去医院进行治疗。"医生严肃地说。

但是李远伟拒绝了医生的建议，只是去诊所打了止痛针，就立刻回到训练场上，咬紧牙关，继续坚持训练。

还有一次，那天阴雨绵绵，大部分队员都留在宿舍里休息，没有进行训练，李远伟却是个例外。他独自一人，踏入雨中，开始了他的日常跑步。小雨淅淅沥沥地打在李远伟脸上，打湿了他的头发和衣服。雨水顺着他的脸颊滑落，但是他毫不在意，专注于自己的步伐，一圈又一圈绕着训练场跑着。

就在李远伟训练完打算回宿舍时，却突然一个不小心，脚下一滑，整个身体失去了平衡，他急忙想要稳住身体，但是已经来不及了，他整个人瞬间失去了控制。只听砰的一声，李远伟和停在训练场边上的一辆白色货运卡车来了个亲密接触——他一头撞在了后厢车门上。李远伟霎时感到一丝眩晕，嘴巴一阵疼痛，他伸手一摸，竟然有几颗牙齿被撞断了。

李远伟因此不得不换了几颗牙齿，头部也因为和货卡的"亲密接触"而受伤，尽管这个时候身体状况不太理想，李远伟却依然坚持训练，他每天都忍受着疼痛和不适，活跃在训练场上，精神状态无比坚定和乐观。

虽然他受伤的原因令人啼笑皆非，但是李远伟的坚韧不拔更令大家对他增添了敬意。

坚韧孕育出强大的力量。靠着日复一日的坚持，原本体能不理想的李远伟，渐渐赶超了那些比他体能强的人。但是他知道，作为救援人员任重而道远，他需要做好准备，去迎接更多的挑战和考验。

⊙ 李远伟穿着日常训练战斗服

首战的洗礼

2010年7月，同期来的人又离开了不少，只剩下不到十个人。李远伟却如同一棵白杨树，始终坚守，从不退缩。就是在这个月，李远伟成为一名正式队员。他觉得自己的肩上被赋予了更多使命和责任，他要用自己的能力和专业，为那些身处绝境的人们带去希望和光明。此时的他不再是那个初来乍到、懵懂无知的新手，而是一个值得信赖、可以依靠的战士。

8月，暑气正盛的时候，李远伟第一次参加了矿井抢险救灾的任务。

来到现场，李远伟被眼前的景象震撼了。矿井口被熊熊火焰包围，火光映红了半边天空，仿佛末日降临。他能够清晰地听到火焰燃烧时发出的声音，这声音犹如一头凶猛的野兽在咆哮，让人心生恐惧。这是他第一次面对真正的灾难，一种前所未有的紧张和恐惧在他心中蔓延开来，竟让他不禁有些发抖。

这是一起发生在矿井里的大型火灾事故。整个矿井的通道都被火焰烧得红彤彤的。李远伟和他的队友们被告知，矿井的巷道长达300米，他们的任务就是开展救援，将被困人员转运出来，同时抢救里面的设备。

火势凶猛，情况危急。面对如此严峻的挑战，大家迅速行动起来。他们将另一条安全的巷道作为指挥基地，迅速商量并制订救援方案。李远伟作为第一批救援人员要率先入巷，他深吸了一口气，戴上呼吸器，背上装备，和其他救援人员一同进入矿井。李远伟由于不习惯纯氧的吸入，眼睛一下子感到了强烈的不适。矿井下面一片混乱，火焰疯狂地燃烧着。煤块儿带着火焰不断往下掉，发出咣当咣当的声响，石块儿被烧得通红，热浪扑面而来，仿佛要将这里吞噬。

李远伟紧紧握住手中的救援工具，一步步向前移动。他的心跳加速，汗水顺着脸颊滑落，在黑暗中凭借着微弱的灯光和队友们的呼喊声，寻找着被困人员的踪迹。

在正常情况下，救护队规定每4个小时就要更换一次呼吸器，并进行一个呼吸器班的休整，这也是行业的规定。但由于矿井灾害面积过大，且情况紧急，他们必须抓紧时间进行救援。当李远伟在矿井中工作了将近4个小时的时候，另一组队员已经准备就绪，接替他们进行抢险工作。

时间就是生命，李远伟作为第一批救援人员对矿井内部的情况比较熟悉，他主动向副中队长提出继续参与救援的请求。副中队长考虑到李远伟对井下的熟悉程度和救援的紧迫性，同意了他的请求。

于是，李远伟参与了第二批抢险救援工作。他连续在矿井里奋战，除了中午回来换呼吸器和短暂休息吃饭外，几乎没有停歇。凭借着坚定的意志和对生命的敬畏，他一次又一次深入矿井，将被困人员安全地转运出来。

就这样，李远伟坚持连续救援了 26 个小时。他的眼中布满了疲惫的血丝，但他的内心却满溢坚定和自豪。他用自己的行动证明了救援人员的价值和意义，也为那些被困在矿井中的生命带来了希望和光明。

完成任务后的第二天，李远伟的眼睛几乎无法睁开，三四天后才逐渐恢复。这是因为在矿井救援过程中，队员们使用的是纯氧，在抢险救灾的紧急情况下，纯氧是确保救援人员能够深入火场长时间作业的关键。短时间的配用纯氧并不会对人体造成太大的危害，但长时间吸入纯氧，对人体的影响就变得不容小觑。

纯氧的过度使用会加速人体的新陈代谢，特别是氧化反应，加速人体细胞的衰老过程。除此之外，长时间使用纯氧还可能导致肺部损伤，引发肺水肿、肺炎等疾病，还会影响人体的血液循环系统，使血液中的红细胞数量减少，进而引发贫血、头晕、乏力等症状。

更危险的是，在被火焰和烟雾笼罩的矿井环境中，还存在着其他有害物质。烟雾中含有大量的颗粒物和有毒化学物质，它们被吸入肺部后，会对人体的呼吸系统造成严重的损害。有害气体如二氧化氮等，则会进一步加剧这种损害，导致人体出现呼吸困难、咳嗽、胸闷等症状，严重时甚至可能危及生命。

　　因此，尽管救援工作刻不容缓，但李远伟和他的队友们也必须时刻关注自己的身体状况。如今在队中如雷贯耳的李远伟也曾有过恐惧的时刻，李远伟曾坦诚地说：不害怕吗？那肯定是假的。可是在恐惧中他依然果断、临危不乱，时刻牢记着自己肩上的责任和使命，这些品质是他能走到今天，让他在锤炼中屹立不倒的重要原因，也是支撑他勇往直前的动力。

越挫越勇的征途

　　2011 年初，李远伟接到一个电话，上级通知他被选拔到大队，代表公司参加贵州省第八届矿山救援技术竞赛。这个消息如同春雷般炸响在李远伟耳边，让他既感到荣幸又略感忐忑。

　　回想起上一年的 9 月，他就受到了中队领导和队员们的赏识，被推举参加公司内部举办的技术竞赛。但在那次竞赛中，最终的结果并不如李远伟所期望的那样理想，自己的表现也没能达到心中的标准，他感觉有些辜负大家对自己的信任和期望。

　　回到单位的那一刻，李远伟的心情沉重如铅。他走进宿舍，躺在床上望着天花板发呆。此时的他感觉自己仿佛置身于一个黑暗的漩涡中，心里涌起一股失落和沮丧。可面对着队友们，面对着自己职业的使命，比赛的失败反而激起了他更大的斗志。李远

⊙ 李远伟在排除呼吸器故障

伟意识到，只有通过不断努力，继续提高自身各方面素质，才能在下一次比赛中取得更好的成绩。于是，他重新振作起来，又开启了集训时的高强度模式，加强体能、技能等各种额外训练。在训练的过程中，不断反思自己在上次比赛中的表现，也更加注重各项技能的操作练习，学习卖油翁的熟能生巧。他深知，只有这样，才能在下一次比赛中有所突破，才能让自己的职业技能不断提升。

功夫不负有心人，这次，李远伟终于又获得了比赛的机会。

为了备赛，入选的队员开始了封闭式训练。这段日子里，李远伟几乎与外界隔绝。军事化队列、应急演练、接水管、高炮灭火、打板、数呼吸器、仪器操作、呼吸器故障判断、医疗急救、心肺复苏，训练项目繁多，内容丰富。每一个项目都充满了挑战和考验，需要大家用心去学习和掌握。在接水管训练中，队员们需要迅速而准确地连接好每一节水管，确保水源能够畅通无阻地输送到需要的地方。在高炮灭火训练中，他们需要熟练掌握高炮的操作技巧，确保在火势蔓延的关键时刻能够迅速有效地控制火势。每一项训练都容不得半点儿疏忽和差错，因为在真实的救援现场，这些都关乎大家的生命，是在生死一线间与死神搏斗的关键。

除了实操，业务理论项目也同样重要。比赛没有固定范围，只有一个大框架，这无疑增加了备战的难度，这一项目要求队员们具备广博的知识面和深厚的理论素养。大家需要梳理知识点，深入研究，以便在比赛中能够灵活应对。计算封闭空间里度过的间等比较复杂的内容，更是需要通过反复推敲和实践来掌握，以确保队员在实际工作中能够准确无误地运用。

训练的日子里，时间被压缩得异常紧凑，除了集体外出购买一些生活用品外，队员们几乎没有时间离开训练场地，每个月仅有一天休息时间。好不容易到了休息日，队员们纷纷离开，去享受难得的闲暇时光，李远伟却由于上一年的成绩不理想而选择不休息，给自己加码训练，坚守在训练场上。一些队员看到李远伟如此拼命，不解地问他："今天休息日，你怎么还在这里训练，不休息吗？"

李远伟微微一笑，解释道："作为团队的一员，我不能拖累整个团队。上一年我的成绩不佳，所以今年我必须更加努力地训练。"

就这样，封闭训练的七八个月里，李远伟几乎一天都没有休息过，不是在教室里埋头苦读理论知识，就是在训练场上挥汗如雨地进行实践练习。他心中只有一个信念：一定要在赛场上展现出自己最好的一面，为团队取得更好的成绩。

2011年9月，贵州省第八届矿山救援技术竞赛如期而至。这场为期4天的比赛，不仅是对参赛者体力和脑力的双重考验，更是对他们意志和决心的磨砺。比赛日程安排得相当紧凑，每项比赛刚结束，参赛者就需要迅速投入下一场比赛的准备工作中，时间紧迫得几乎让人喘不过气来。

在这样高强度、快节奏的比赛中，李远伟感受到了前所未有的压力。尽管十分疲惫，他还是极力把自己调整到最好的状态，平时的刻苦用功让他在本次比赛中最大限度地发挥了自己的实力。

⊙ 李远伟正在进行综合体能训练

几天下来，过程十分辛苦，但李远伟却由衷地笑了，因为他知道，自己已经尽力了，他对自己的表现感到满意。

经过几天的激烈角逐，比赛终于迎来了最后公布成绩的时刻。那一天，李远伟激动得无法言喻：他获得了个人全能第一名。李远伟举起双手表达着喜悦，自己七八个月的艰苦训练有了结果，更是对信任自己的团队有了一个交代。

李远伟用行动为自己和单位赢得了荣誉，也证明了自己的实力和价值。他的故事激励着每一个队员不断进取、追求卓越，他也为整个队伍树立了一个光辉的榜样。

从"李远伟"到"李队"

由于表现出色，李远伟荣升救护中队副中队长，"李队"成了大家对他的日常称呼。

2011年12月3日，天空阴沉得仿佛要滴下水来。突然，一阵急促的警报声划破了矿山的寂静，一处矿山掘进头发生了一起严重的钻孔着火事故。接到紧急救援的通知后，李队，这位沉稳果敢的副中队长毫不犹豫，迅速召集队员们，背上装备，立即赶赴井下的事故现场进行抢险救灾。

"时间就是生命，我们必须争分夺秒！"

　　井下火光冲天，浓烟滚滚。面对如此严峻的情况，李远伟没有丝毫犹豫，他带领小队，背负着沉甸甸的黄泥袋，紧张而有序地进行垛墙封闭工作，以防止火势蔓延。他们穿梭在火光与浓烟之间，每一步都走得异常艰难。队员们一趟背一袋黄泥，唯独李远伟，每次都要背负两大袋，这无疑增加了他工作的难度和风险。可他的身影在火光中显得异常坚毅，他仿佛是一座不可动摇的山峰。李远伟深知自己的每一个动作都关乎整个救援行动的成败，自己的选择和决定可能影响着每一个人的生命，自己就是大家在绝境中的生命之光，他必须努力地带领大家在井下抢险，必须带领大家走出黑暗，找到希望的出口。

　　然而，随着火势的蔓延和时间的推移，李远伟的呼吸器开始发出刺耳的警报声。他知道，这是氧气即将耗尽的信号。但他没有选择撤退，而是坚持到了最后一刻，直到耗尽了呼吸器中最后的氧气，才由其他小队接替他进行交接处理。

　　李远伟虽然返回地面呼吸到新鲜的空气，却并没有停下来休息，他的脸上没有任何轻松的表情。险情刻不容缓，他迅速换好了备用呼吸器，义无反顾地再一次冲向了井下。

　　井下作业经验丰富的李远伟发现情况比想象中还要严重。由于迎头压力太大，原本垛垒的黄泥木段密闭墙往外倾斜。这是一个极其危险的信号，如果不及时处理，会产生不可估量的后果，不仅是矿山的人，救援队和周围的村民都会有生命危险。李远伟当机立断，迅速命令小队退到安全区域。待确定大家的安全后，他亲自上前查看情况。

仔细观察密闭墙的情况后，李远伟心中快速思考着解决方案。最终，他决定重新建立密闭墙，确保火势不再蔓延。他迅速组织队员们行动起来，大家齐心协力，将一袋又一袋的黄泥运送到指定位置。在大家的共同努力下，新的密闭墙终于建立起来，成功地将火势控制在了一个相对安全的范围内。

长达 16 个小时的艰苦抢险，李远伟带领大家克服了一个又一个困难，成功地阻止了一场可能会给矿井和附近的村民带来无法预料的后果的危险事故。

当救援行动终于结束，李远伟和队员们疲惫但满足地坐在井口边。他们看着远处升起的朝阳，心中充满了成就感。红日洒下金色的光芒，照亮了这片刚被火光和浓烟笼罩的土地。他们知道，自己为矿山的安全稳定作出了贡献，为这片土地带来了希望和安宁。

在这次惊心动魄的救援行动中，李远伟展现出了非凡的领导才能和人文关怀。他果断决策，迅速组织队伍进行抢险救灾，确保了救援行动的顺利进行；他无私无畏，始终冲在救援的最前线，用自己的行动激励着队员勇往直前；他关心队员的生命安危，时刻提醒他们注意安全，确保大家能够平安完成任务。他带领着自己的小队不断成长，展现了整个小队出众的专业素质和团结精神。

通过这次救援行动，李远伟和他的小队赢得了广泛的赞誉和尊重。

⊙ 李远伟（左）在进行搬运假人训练

在平时训练中，李远伟制订了一套严格的训练计划，体能训练、技能训练、团队协作训练，他都要求队员做到极致。因为他深知，矿山救援工作需要的是专业、快速、准确的救援技能，容不得半点儿含糊。在他的带领下，救护队的训练强度逐渐加大，技能水平也得到了显著的提升。在每一次的训练中，队员们都要真正地模拟各种复杂、危险的救援场景，甚至要像真实救援一样搬运、救援假人，进行实战演练。这种高强度的训练让队员们更加熟悉救援流程，提高了他们的应变能力和协作精神。

平时，李远伟和队员们同吃、同住、同训练，并且在训练中身先士卒，亲自示范每一个动作和技巧，用实际行动感染和影响着每一个队员，诠释了责任和担当。队员们也逐渐克服了各种困难，面对挑战，他们将不可能变为可能，并且形成了强大的凝聚力和战斗力，在生命危险前勇闯鬼门关，与死神搏斗，成为照亮他人生命的希望之光。

专家修炼记

在时间的磨砺和考验下，和李远伟同期入队的 40 人，最后只剩下李远伟一个人孤独而坚定地站在这条充满挑战的路上。他仍保有当初踏上这条路时的那份决心：坚持下去。李远伟始终相信着也践行着坚持的力量。这份坚持，不仅是他对自己的承诺，更是他对救援事业的热爱和执着。

2012年4月，贵州省矿山救援行业迎来了件喜事：队里引进了德国生产的DRAGE BG4正压氧气呼吸器。第一台进口个人防护装备的出现让李远伟的心中涌起了一股难以言喻的激动。从事社会各类救援的工作者都深知呼吸器的重要性，这种装备被称为抢险救灾时的"人类第二生命"，能够在关键时刻为救援人员提供必要的保障。这款新装备较之前的装备，佩戴起来更为舒适，安全性能也更高。

新装备的出现在队里掀起了一股振奋人心的气氛。但是，李远伟并没有因为新装备的出现而盲目乐观，他有着自己的担忧。他清楚地记得，之前就有过矿山救护队的队员在抢险救灾的过程中，由于不熟悉新呼吸器的佩戴和使用方法，造成了次生事故。为了不让悲剧重演，李远伟作为首次接触该呼吸器技术操作的救援人员，他将彻底熟悉此台新装备作为其投入使用前的重中之重。

为了尽快熟悉新装备的使用方法，除了日常训练、学习和工作，李远伟都在刻苦钻研，可是这是一款德国进口的装备，对于李远伟来说，摆在他面前的新装备就像一个巨大的谜团。他上网查找资料，翻阅厚厚的专业书籍，每一个细节、每一个关键点都不放过。还自学英语，用翻译软件逐句翻译了那些晦涩难懂的英文资料，他一边翻译一边理解，一边理解一边在脑海中演练。

通过长时间的认真钻研、查阅国外网站，李远伟图文结合，

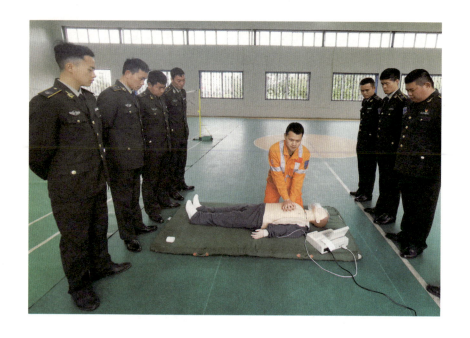

⊙ 李远伟（中间）现场教学心肺复苏术

依照步骤、解说等把新装备摸了个遍。不仅对此装备的精密电子元件、构造及原理有所掌握，甚至对新设备的 16 项细节校验程序都烂熟于心，还能快速判断并修正其复杂的故障。经过长期钻研，他蒙着双眼也能准确、快速地拆卸并组装好这台进口个人防护装备。为此，李远伟被大家誉为研究"人类第二生命"的专家。

李远伟不仅是理论知识丰富的学者，更是实践操作的佼佼者。他把自己对呼吸器的钻研，转化成为提升整个队伍战斗力的强大动力。

每天，李远伟都会风雨无阻地穿梭于各个中队之间，他的身影成为矿山上一道独特的风景线。他耐心地解答着队员们关于呼吸器使用的每一个问题，手把手地教导他们如何正确、快速地拆装各个部件。他的讲解深入浅出，既具有理论性，又充满了实操性，让每一个听他讲解的人都受益匪浅。

李远伟推行的"导师带徒"活动更是深受队员们的欢迎。他挑选了一批技术精湛、有责任心的队员，亲自指导他们进行呼吸器的深度研究。他的这些徒弟不仅掌握了呼吸器的核心技术，更学会了如何独立解决问题，成为各个队伍中的技术骨干。

每季度的质量标准化考核是李远伟最为重视的一项工作。他会亲自下到各中队，对每一台呼吸器进行细致的检查，不放过任何一个可能的隐患。他严谨的工作态度让队员们深受感染，也更让他们明白，安全无小事，只有严格把控每一个环节，才能确保矿山的稳定发展。

在李远伟的努力下，抢险救援队伍的战斗力得到了全面提升。无论是面对突发的矿难，还是日常的矿山作业，队员们都能够熟练地使用呼吸器，保护好自己的生命安全。这一切，都离不开李远伟的辛勤付出和无私奉献。

⊙ 李远伟（左一）现场教学呼吸器校验仪

第三章　英勇无畏的救援传奇

扫码解锁

◉群英颂歌 ◉不畏艰难
◉守护生命 ◉奋斗底色

炸药库旁斗火魔

2012年的一天，阳光斜斜地洒落在矿山训练场上，李远伟身穿一身笔挺的战斗服，眼神坚定而深邃。他的身后站着一支整齐划一的队伍，每个人都精神抖擞，神情专注。

"今天，我们将进行一场模拟演练，主要目的是检验大家的应急反应能力和协调性。"李远伟的声音洪亮而有力，每一个字都如重锤般砸在大家的心头。

随着李远伟一声令下，演练正式开始。模拟场景是各类矿山突发事故，队员们需要迅速穿戴好呼吸器，进行紧急撤离。一时间，训练场上响起了急促的脚步声和呼吸器的嘶嘶声。

李远伟紧盯着每一个队员的动作，他的眼睛像鹰一般锐利，不放过任何一个细节。看到有的队员在穿戴呼吸器时有些手忙脚乱，他立刻走上前去，亲自示范，并耐心地讲解每一个步骤要领。

演练中，突发状况层出不穷。有时模拟的是烟雾弥漫，有时模拟的是瓦斯泄漏。但无论面对何种情况，李远伟都保持着冷静和果断。他迅速做出决策，指挥队员们有序地进行撤离和救援。

在演练的高潮部分，模拟的矿难演习开始了。队员们需要在极短时间内找到被困的人员，并将其安全救出。李远伟沉着冷静地分析情况，制订出详细的救援方案，并亲自带领队员们冲入模拟灾区。

就在这个让人紧张而专注的时刻，突然，一阵刺耳的警铃声刺破空气，直达李远伟和队员们的耳畔。这是一种特殊的警报声，深沉而急促，只有在发生重大事故或者紧急情况时才会响起。

李远伟和他的队友们心头猛地一紧，仿佛被无形的力量紧紧握住。他们立刻从演练中抽离出来，全神贯注地听着，判断着警铃声的来源。

是火灾，在炸药库附近！

这个消息如同一块儿巨石投向平静的湖面，激起了轩然大波。火势一旦蔓延至炸药库，引起爆炸，那后果将是灾难性的！而在炸药库附近灭火，等同于和死神搏斗，是闯鬼门关，队员们都有些担忧。

"快！跟我来！"李远伟没有丝毫犹豫，立即带头冲向火区，开始果断而迅速地砍伐隔离带，防止火势蔓延到炸药库。

看到李远伟开始行动，队员们也燃起斗志，听令行动，纷纷投入灭火工作中。

火势在炸药库附近肆虐，火焰仿佛一头凶猛的野兽企图吞噬一切，不断地逼近炸药库。

在李远伟的带领下，大家没有丝毫退缩，抄起家伙，拼命地砍伐隔离带，用水枪、灭火器等逼退火舌，与火魔进行一场激烈的战斗。

40分钟的高效扑救后，火势终于被控制住了。原本嚣张的火焰逐渐熄灭，只剩下一些零星的火星在闪烁。

看着眼前的火海逐渐平息下来，李远伟和队友们都松了一口气。他们疲惫不堪地随地坐下，汗水与尘土混杂在一起，但他们的脸上却露出了轻松而欣慰的笑容。

这次救援使一场灾难性的事故得以避免，这些都离不开李远伟的果断决策和大家的共同努力。他们用勇敢和坚韧力挽狂澜，用自己的实际行动证明了团队的专业素养和团队精神，成为矿山上的传奇。

铁面与柔情

在这广袤无垠的矿山地带，连绵的群山仿佛大地的脉络，深邃而神秘。李远伟也如同一座巍峨的山峰，无论风吹雨打，始终屹立在每一个队员的心中。他不仅是矿山救护队的队长，更是大家心中的楷模和榜样。

"一，一，一二一……"

正在训练的新队员们没想到，这么快就见到了李远伟的庐山真面目。

入队这几天，"李远伟的故事"经常被拿来教育和激励新队员。每当有人抱怨体能训练量大，让人难以忍受，就会有老队员站出来说："这点儿训练量就受不住了，你们李队那时比现在更艰苦，条件更差。"有人爱抽烟、爱喝酒，也会有老队员说："你们呀，多向李队学习学习，人家不抽烟也不喝酒，特别自律，体能才能保持得这么好，最后才取得了如此大的成绩。"

新来的队员中，有的人体能并不好，比其他人差了一大截儿。但是，老队员并不嫌弃，"当年李队刚来大队的时候，体能也是最差的，但是李队从没气馁，而是自己增加训练量，每次训练都要比别人负重多跑几十圈，杠铃、哑铃增量举。后来啊，那些原本比他体能好的人慢慢被他反超……"

就像儿时邻居们夸李远伟学习自觉，不用大人操心那样，当别人休息的时候，李远伟仍然扎在训练场中；当夜晚更深露重，别人抱着手机玩游戏、看小说时，李远伟却独自一人在学习室温习理论知识。在那些把酒言欢的场合里，永远看不到李远伟的身影。

对于新队员来说，初识李远伟时，他就像是一个传说，但是与李远伟接触多了，李队在他们心中的形象越来越立体。

有人说，李远伟自律得近乎苛刻。他的生活就像精确到秒的日程表，他每天早上准时起床，无论是炎炎夏日还是寒冷冬季，都雷打不动地坚持锻炼，从不放松对自己的要求。有人说他能力出众，无论是他掌握的理论知识还是实操技能都让人望尘莫及。还有人说他执行力强，只要是上级交代的任务，他总能不折不扣

⊙ 李远伟工作照

地完成。他从不抱怨任务的艰难或危险，总是以积极的态度面对每一个挑战。尽管李远伟在矿山救护队中备受尊敬和崇拜，也有人说他不爱说话，总是独来独往，与周围的环境格格不入。在休息时间里，他总是喜欢一个人静静地坐在角落，阅读书籍或者思考问题，和大家的交流不是很多。

对于这一点，新队员们一开始常感到困惑和不解。他们不明白一个如此优秀的人为什么会这样孤僻和沉默。可在日复一日的相处中，他们逐渐理解了李远伟。李远伟确实"不合群"。他像一股清流在这片土壤中艰难前行。他是思想先进的青年，勇于与固执懒散的习惯做斗争，即使面临再大的困难和压力也从不退缩。

新队员们还了解到，李远伟的"不合群"并非出于傲慢或冷漠，而是源于他内心的坚定和执着，出于他对工作的热爱和对生命的敬畏。他深知矿山救援工作的危险性，因此，始终保持着高度的警惕和严谨的态度。在矿山这个危险且未知的环境中，每一个细节都可能关乎生死，散漫的态度会让生命面临巨大的风险。

随着时间的推移，新队员们如同揭开了一层层蒙住李远伟的神秘面纱，他的形象在新队员心中越加清晰且生动。李远伟身为队伍中的干部，有着领导者的威严和庄重，让新人们心生敬畏，但他又并非那样遥不可及。在工作中，他确实严谨认真，对每一个细节都严格把控，不容许有丝毫的马虎。他对待工作的态度确实让新队员们倍感压力。每一次训练，每一次任务，他都会提前进行详细的计划和准备，确保每一个步骤都准确无误。他的目光如同鹰隼般锐利，总能捕捉到那些容易被别人忽略的细微之处。当新队员们觉得某个环节已经足够完美时，李远伟总会指出其中的不足，并要求他们重新来过，直到达到标准为止。

在救援现场，李远伟更是展现出了他铁面无私的一面。他严格要求每一个队员都按照既定的计划行事，不容许有偏差。当有人试图偷懒或者敷衍了事时，他会毫不留情地指出问题，并要求对方立即改正。他的"铁面"和认真让新队员们感受到了前所未有的压力，但同时也让他们更加明白了救援工作的重要性和紧迫性。

在救护队的日常生活中，"铁面"李队也有温情的一面。他擅长营造和谐的工作氛围，让大家在紧张的工作中也能感受到家的温暖。

有时候，新队员在训练中遇到了困难，心情十分沮丧。李远伟便会主动与其谈心。他耐心地倾听新队员的困惑和烦恼，然后给予对方鼓励和建议，帮助他们找回自信，克服困难。这让大家深刻感受到李远伟的关心和支持，也让他们更加信任和敬佩这位队长。

在日常的相处中，新队员们如同置身于一部生动的纪实电影里，逐渐被李远伟的人格魅力深深吸引。他们不再仅仅将李远伟视为队长，开始明白，那些"李远伟的故事"并非空穴来风，而是他真实生活的写照。他们开始加入传播这些故事的行列，用自己的亲身经历和所见所闻将李远伟的真实一面讲述给更多的人。

⊙ 训练中的李远伟（左三）

战士也高反

2012 年，李远伟参加了人生中的第一个全国竞赛。这次比赛经历在李远伟的人生记忆里留下了深刻的印象，至今仍历历在目。

那是一次难得的历练。在前往比赛地点的火车上，李远伟和队友们围坐在一起，兴奋地交流着战术和策略，他们对未来几天的比赛充满期待，火车窗外的风景飞速后退，而他们的心早已飞向了那个即将展开激烈角逐的赛场。

比赛地点设在宁夏一个海拔较高的地方。那里的空气稀薄，天空湛蓝如洗，云朵仿佛触手可及，每一口呼吸都是大自然的恩赐，景色壮美，却也暗藏着未知与挑战。一踏上这片高原，望着连绵的山脉，李远伟就感受到了它的独特魅力，同时也隐约预感到了它将带来的考验。

比赛前的几天，大家都在紧张地备战，努力调整自己的状态，以应对即将到来的激烈竞争，李远伟也不例外。比赛初期，大家都如常发挥，斗志昂扬，信心满满地迎接每一场挑战。

比赛终于到了最后一个项目。李远伟和他的团队雄赳赳，气昂昂，满怀着赢得比赛的决心。然而，就在大家准备好全力以赴进行比赛的时候，意外发生了：部分队员感到头晕目眩，有的甚至晕倒在地。

这突如其来的变故让现场的氛围变得紧张起来，随队的医护人员迅速展开紧急救援，很快就判断出队员们是高原反应的症状，立马熟练地给大家进行输氧治疗，同时安抚大家的情绪，让他们保持冷静。好在救治及时又专业，大家的症状逐渐得到了缓解，生命体征也逐渐恢复正常。

经过短暂的治疗和休息，大家终于恢复了体力和精神状态。他们重新站上了赛场，虽然身体还有些虚弱，但还是坚持完成了这场比赛。虽然这个过程对于每个人来说都异常艰难，但他们都坚持了下来，队员们展现出的顽强毅力让人为之动容。

这个插曲让比赛成绩受到了一定的影响，这次经历却增强了团队的凝聚力，每一个队员都坚信，在将来，团队会有更好的合作，取得更好的成绩。

这次全国竞赛对于李远伟米说，不仅是一次比赛的历练，更是一次人生的洗礼。他从中深刻领悟到了团队合作的力量和永不言弃的精神，这些经历都将是他前进的动力。

森林大火伸魔爪

2013年8月9日下午，阳光炙烤着大地。毕节市黔西县[1] 中坪

---

[1] 现黔西市。

中学后山，原本葱郁的森林突然燃起了熊熊大火。火势凶猛，浓烟滚滚，遮天蔽日，整个山林仿佛即将被火海吞噬。

就在这危急时刻，李远伟接到了任务通知，他毫不犹豫地放下手头的工作，立刻带领队员奔赴火灾现场。这是一场与时间赛跑的战斗，稍有迟疑，就可能造成无法挽回的损失。

到达现场后，尽管见过不少火灾现场，李远伟还是被眼前的景象震惊了。大火在肆虐，似乎吞噬了空气中仅剩的水分。狂风大作，火势像被注入了魔力般，越烧越旺。山林里时而燃起几米甚至十几米的大火球，犹如恶魔的爪牙，令人触目惊心。火势凶猛如斯，而山下就是学校和村民住宅，李远伟迅速组织队员，将大家分成若干小组，各自负责不同区域。顾不上滚滚浓烟的威胁，李远伟身先士卒，立即拿出口袋里备用的瓶装水浸湿上衣和毛巾，拿起铁锹，捂住口鼻，第一个冲入火海。他的双眼被火光映得通红，每走一步都异常艰难。他的心中只有一个信念：必须尽快控制火势，保护学校和村民的安全。

火焰的高温让李远伟几乎无法呼吸，可控制火势刻不容缓，他必须不断调整自己以适应高温烈焰。他带领小队顶着浓烟和高温，在火海中穿梭，一次次奔跑，一次次挥动铁锹。

然而，火势并未因此而减弱。突然，又一阵狂风袭来，大火无情地跳跃着、蔓延着，引燃了更多树木。李远伟和队员们不得不一次次地扑灭复燃的火点。

经过几个小时的奋战，李远伟和队员们先后开辟了两条6米宽、100余米长的隔离带。一直奋战到凌晨两点，他们终于控制住了火势，阻止了大火的蔓延。

队员在结束了工作之后开始陆续下山。李远伟则一人在山上认真排查阴燃火点，确保大火不会复燃。他仔细地检查每一个角落，直到确认安全后，才最后一个离开。

在返回途中，大家都很疲惫，在大火的近距离炙烤下，队员们都已经口干舌燥，李远伟也时不时地抿着干裂的嘴角。他拿出仅剩的一瓶水递给同事。同事几番推让，李远伟仍执意将水让给他，"你先喝吧，我不渴"。

拖着疲惫的身躯回到队里时，李远伟已筋疲力尽，他澡也没洗，倒头就睡。他的身影在月光下虽疲惫却坚定，他仿佛一座山，守护着这片土地和人民的安全。

几日后，毕节市领导专程来队里慰问大家，李远伟受到了市、县等各级领导的高度评价，被誉为当之无愧的救援楷模。

面对这些赞誉，李远伟十分受鼓舞，也很开心，但他认为赞誉仅仅是对他工作的嘉奖，是意外之喜，并不是他工作的目的。他说："我只是做了我应该做的事情，这是我的分内职责。"无论面对多大的困难和挑战，他都会勇往直前，尽自己所能保护人民安全。

煤场救援

2014 年 10 月，秋风萧瑟，某煤矿的深处却笼罩在一片紧张而沉重的氛围中。一场突如其来的大型煤与瓦斯突出事故，让无数人的心悬了起来。在这危急时刻，李远伟接到了抢险救援的命令。他依旧毫不犹豫地带领队员，深入灾害发生现场，开始了艰苦而危险的侦察和救援工作。

李远伟知道，每一次救援行动都是生与死的较量，都需要高度的警惕和精准的判断。他和队员们冒着浓烟和有毒气体的侵袭，一次次穿越狭窄而曲折的巷道，寻找被困者的踪迹。他们爬行在湿滑的泥地上，面对着随时可能坍塌的煤壁，心中只有一个信念，那就是救人。

在连续 6 天的艰苦作战中，李远伟和他的小队经历了一次又一次生死考验。他们不断地挖掘、搬运、搜救。最终，他们成功地救出了 8 名遇险者，并将 10 名遇难者的遗体搬运出来。他们为矿井挽回了巨大的经济损失，更为生者开辟了希望之路。

在过去的几年中，李远伟先后参与和带领救护队处理了多起事故，每一次的挑战都像是磨砺他意志的砥石，让他更加坚定和果敢。

他深知，处理事故不仅要有冷静的头脑和敏锐的洞察力，更需要那份不屈不挠的决心和队友间的默契配合。在他的带领下，队员们总能迅速响应，以最短的时间控制局面，减少损失。在李远伟的指挥下，整个团队像一台精密的机器，每个部件都发挥着最大的效能。

如今，李远伟已经成为一面旗帜，"李远伟的故事"也激励着更多的年轻人投身于这项神圣而艰巨的事业中，勇往直前，为矿山安全事业贡献自己的力量。而他自己，也在不断的挑战和磨砺中，成长为一名更加优秀的领导者，带领救护队守护着矿山的安宁。

生死救援

2015 年的一个深夜，正值寒冬，室外下着冻人的雨，天气特别寒冷。

李远伟正在宿舍的床上熟睡，享受着难得的安逸。睡梦中，李远伟突然听到刺耳的警报声，他立刻翻身坐了起来，以最快的速度穿好战斗服，赶到集合地点，得知是附近的一座煤矿发生了冒顶事故，有 5 名矿工被困在井下。李远伟作为队长，连夜召集队员赶赴事故地点后，迅速制订了救援方案，他们用探险棍敲打附近的供水通风管道尝试跟井下联系，但是没有得到任何回应，大家心中一紧。

为了赶抢最大限度的生还时间，李远伟当机立断，组织大家靠人工一边挖小巷道，一边继续向坍塌处喊话，希望能够得到被困矿工的回应。然而，时间一点点过去，他们仍然没有听到任何回音。

李远伟带领队员拼尽全力挖了两个多小时，救护队的每个队员嗓子都喊哑了，体力也有所下降，但他们始终没有放弃，一直在努力挖掘。当李远伟再次使劲敲了几下底部的供水管道时，大家终于听到了回音！这回音虽然微弱，却让大家异常兴奋。李远伟赶紧让队员们清理坍塌物，并连续不断地敲打管道，向里面传递着信号。

大家看到希望后又一次鼓足了干劲儿，很快，巷道就被挖通了。3 名矿工被困在矿车内侧，靠着墙壁蜷缩着。见状，李远伟和队员们赶紧把矿车和煤矸石清理掉，小心翼翼地将 3 名被困矿工抬了出来。幸运的是，被困矿工虽然受伤了，但没有生命危险。

就在被困地附近，大家又发现了一名矿工。然而，这次的场景却让大家无比沮丧。这名矿工被全部掩埋，头部遭受了重创，令人触目惊心。大家心中无比沉重和悲痛，他们知道，尽管他们已经尽了全力，但并非每次救援都能成功，有时候他们也会面临无法挽回所有生命的悲剧。

没有时间给大家喘息，救援的紧张形势如同一座即将爆发的火山，每个人都神经紧绷，与时间赛跑。然而，直到第二天晚上，最后一名遇险者的身影依然没有出现在大家的视线中。30 个小时过去了，矿方领导开始动摇，他沉痛地表示，生存的希望已经微乎其微，他提议改用机械挖掘，以加快进度。

然而，作为一名一线指挥员，李远伟坚决反对这一提议，并向其解释：矿井下环境复杂，里面不仅有煤粉，还有众多矿井设备。被困者有可能并未被完全埋压，还存有一定的生存空间。使用机械挖掘，很可能会破坏这微小的生存空间，导致被困者窒息死亡。

李远伟坚定地说道："我是一线救灾指挥员，我的职责是拯救生命。只要有一丁点儿的希望，我们就必须付出百分之百的努力。"他的眼中闪烁着坚定的光芒。

最终，矿方领导同意了李远伟继续人工搜救的方案。李远伟立即下达命令，让大家继续人工向内挖掘。虽然经过连续30多个小时的奋战，每个人都已经疲惫不堪，但想到还有一名矿工兄弟在黑暗中等待救援，大家便重新振作起来。

又是一个多小时的挖掘，大家发现巷道里面变得越来越空旷。李远伟抬头一看，前方的顶板已经全部塌落，大块儿煤矸石悬在十几米高的顶部，时不时有大大小小的矸石掉落。看到这种情景，队员们感到一阵心悸，他们担心不已，劝说李远伟道："李队，咱们赶紧撤退吧，后方的顶板也不稳定，别再整个滑落下来。"然而，李远伟却坚定回应道："还有一个人呢！"他的声音虽然沙哑，但却充满了决心和力量。他知道，只要还有一线希望，他们就不能停止搜救。

随即，李远伟下令，让身后的几个队员退到后方相对安全之处，他自己则深吸一口气，一个人靠着煤壁，朝前轻手轻脚地走了几步。看着头顶上方的空洞和摇摇欲坠的矸石板块儿，李远伟的心瞬间提到了嗓子眼儿，"咚，咚，咚"，他听见自己的心脏剧烈地跳动着。他屏住呼吸，小心喊着："有人吗？有人吗？有人吗？"几声呼喊都没有得到回应，李远伟心中一沉，抬起脚打算改变搜索方向。

就在此时，一声微弱的呻吟轻轻传入李远伟的耳朵。还活着！李远伟一阵兴奋，但是随即又紧张起来。他不敢大声说话，生怕上方的石板被震落。李远伟借助矿灯仔细地扫视着坑道,突然,就在前方的一个角落里,他隐隐约约看见一道矿工靴上的反光条。他心中一喜,最后一名遇险的矿工就在距离自己八九米的地方。

见状,李远伟先小心翼翼地爬了过去,再用矿灯示意队友们赶紧过来。第五名遇险矿工就被埋在碎石下,意识已经开始模糊,李远伟心急如焚,立马准备用手扒开碎石营救。

然而,意外骤然发生了。一根两米长的锚杆(长钢筋)掉落直戳李远伟的手腕,因为具有很大的重量,很有可能直接将他的手腕穿透。幸运的是,李远伟的腕上戴了一块儿机械手表,这块儿手表帮助他逃过一劫,他没有受伤。

来不及喘息害怕,李远伟迅速扒开锚杆,赶紧让队员们一起清理碎石和埋砸物,救出矿工,将他往地面转移。此时,这名矿工兄弟的意识已经模糊,他脸上全是煤灰,看上去奄奄一息。队员们将他转移到了地面的救护车上,医生开始紧急抢救。万幸的是,在大家的努力下,最终把这名矿工从鬼门关拉了回来。

回忆往事,这次救援经历仍让李远伟记忆犹新,虽然救援已经成功,但李远伟仍感到十分后怕。如果他在第一次选择了妥协,一个家庭就失去了顶梁柱;如果他在第二次选择和队友一起撤退,一个鲜活的生命就会失去生的希望。好在李远伟没有任何一次指挥失误,不抛弃,不放弃,尽最大可能挽救了更多生命。

这便是李远伟的工作使命:在生死一线间与死神搏斗,拯救并守护一个个生命,甚至是他们身后的一个个家庭。

⊙ 李远伟（左一）现场讲解照

| 第四章　勇攀高峰的自我超越

扫码解锁

◉群英颂歌 ◉不畏艰难
◉守护生命 ◉奋斗底色

国际舞台展雄风

2016 年，第十届国际矿山救援技术竞赛在加拿大的萨德伯里市举行。此次竞赛规模盛大，吸引了来自全球的 28 支矿山救援队报名参与，他们都是矿山救援领域的精英团队。

李远伟是贵州省唯一一名技术员设备操作选手，有幸作为中国代表队的主力参赛队员参加了这次竞赛。李远伟参加的项目是正压氧气呼吸器操作，这是一个对技术和体力都有极高要求的项目。为了能够在这次竞赛中取得好成绩，李远伟和他的队友们早早便开始了集训。近一年的时间里，他们几乎每天都在训练场上度过。

集训中，李远伟又开启了"地狱模式"，一如既往地放弃了所有的额外休息时间和回家探亲的机会，坚持每天从早上4点多训练到晚上10点。晚上10点训练结束，大家陆续回寝室休息，李远伟还要跑到室内训练馆背相关的英文专业术语，因为这次竞赛是一个国际化的舞台，良好的英语沟通能力是必不可少的。因此，他经常学习到凌晨1点多，只希望能够在比赛中做到游刃有余。

夜深了，当大多数人都已经进入梦乡时，李远伟却还在灯下苦读。领导发现后催促他休息。李远伟乖乖回到寝室，躺下后，再轻车熟路地在被窝中打开手机的手电筒继续学习。有时候，他躺在床上睡不着，就悄悄起床，再次回到设备室。打开灯，研究英文规则、操作设备。

一天，阳光如同金色的熔液倾泻在训练场上，仿佛要将整个空间都融化。李远伟和他的队友们身着厚重的训练服，正在进行一项艰苦的训练——背负负压呼吸器钻模拟矮巷。

这个项目模拟的是真实的矿山救援环境，模拟的矮巷狭窄而幽深，项目要求参赛者在狭窄的空间内，背负着沉重的呼吸器进行快速移动和准确操作，锻炼大家在极端条件下的应变能力和心理素质。

李远伟一直以来都是队伍中的佼佼者，他身体素质好，技术过硬，在训练中一直表现出色。阳光透过模拟矮巷的缝隙，斑驳地洒在李远伟的脸上，他的额头已经渗出了细密的汗珠。突然，他感到一阵头晕目眩，眼前一黑，整个人便失去了意识。队员们见状，立刻停下训练，纷纷围了上来。他们焦急地呼唤着李远伟的名字，试图唤醒他。有人赶紧叫来医生，有人则忙着给李远伟扇风降温，每个人的脸上都写满了关切和担忧。

经过医生的紧急抢救，李远伟终于慢慢苏醒过来。他睁开眼睛，看到的是队友们关切的眼神和医生严肃的面孔。医生告诉他，由于长期高负荷地训练和学习，他的身体处于极度疲劳的状态，这次晕倒正是因为他的体力和精力已严重透支，即使是年轻力壮的

⊙ 李远伟日常训练爬矮巷

小伙子也承受不了这样高强度的训练了。

李远伟并没有因此而退缩。他深知，作为一名救援人员，面对困难和挑战是家常便饭。这次晕倒虽然让他感到意外，但也是对他的提醒，让他更加深刻地认识到了自己的不足和需要改进的地方。他不再像以前那样盲目地追求速度和力量，而是更加注重技巧和策略的运用。他不断请教和学习，认真琢磨每一个动作和细节，力求做到最好。

云贵高原的白天，紫外线特别强，仿佛要将人的皮肤都晒裂。11个月的集训中，李远伟的衣服几乎每天都被汗水浸透，留下汗碱是常有的事情，他身上的皮脱了一层又一层，手掌上都是厚厚的老茧，可是为了救援的使命和心中的梦想，他从未有丝毫松懈。

终于，第十届国际矿山救援技术竞赛如期而至。比赛前夕，李远伟和队友们来到了加拿大的萨德伯里市。这是一座著名的矿业城市，但是经过治理后，李远伟所见到的萨德伯里市环境优良，天气适宜，当地人经常会划船、钓鱼、徒步、野营来度过美好的休闲时光。据说，这里是安大略省阳光最为灿烂的地区之一，每一个角落都散发着活力和生机。

李远伟和队友们紧张而有序地进行着赛前的准备。国际赛场上，所有的救援技术装备都是用英文标注的，在记录本上，参赛选手也要相应地书写英文。

李远伟抽签抽到3号赛场。进入房间后，里面有两位裁判。

裁判看到进来的是一名中国选手，便向志愿者说：“给这位中国选手翻译一下呼吸器的每个部件和检测维修步骤的专业术语吧！”然后就坐在了一旁。李远伟直接自信而坚定地说了声“No”。他拒绝了志愿者为他翻译专业术语。两个裁判见了，在一旁低声交谈，虽然李远伟听不懂具体的内容，但是能看出他俩脸上的轻视。

在备战时，为了更好地代表祖国在国际竞赛中完美表现，李远伟通过网络自学，并多方请教，愣是把呼吸器上的 319 个英文专业术语牢记于心，他甚至可以熟练拼读检测流程中的英文专业术语。

李远伟仔细地检查了一遍各种配件以及笔纸，并示意裁判自己已经准备就绪。得到同意后，他开始了操作。李远伟一边熟练地操作着呼吸器，一边用英文解说着检测的步骤。他的动作迅速而准确，每一个细节都处理得恰到好处。29 分钟后，李远伟结束了所有的操作，成功完赛。这下，两位外国裁判的表情变得诧异起来，他们一改之前的态度，双双竖起大拇指，并邀请李远伟一起合影。

竞赛如火如荼地进行了整整一周，大家奋力拼搏，力争上游。颁奖晚会上，李远伟一行人心情紧张地听到了竞赛的结果：团队综合第四名，李远伟个人项目席位操作第六名。这个成绩无疑是十分优秀的，台下热烈的掌声四起，肯定了中国代表队的出色表现。那一刻，身为一名中共党员，他深刻意识到党的伟大，深深地感受到祖国正日益强大，很多方面陆续走在国际的前列，也为自己

⊙ 赛后，李远伟（左）和国际友人交换服装

⊙ 李远伟（中间）在国际竞赛中同裁判合影

能够为祖国作出贡献而感到自豪。

赛后，由于中国代表队的优异表现，有外国参赛队员主动找到李远伟交换工作服装，并合影留念。李远伟知道，这只是一个开始，他将继续努力学习和训练，为未来的救援任务做好充分的准备，为祖国的繁荣富强贡献自己的力量。

为什么这么拼

2016年夏，贵州持续强降水。沟谷地区，那些原本宁静的村落此刻弥漫着不安与忧虑。政府早已制订了转移计划，村民们需要被安全地疏散到安置点，以避开即将到来的灾害。其中有一个寨子，规模不大，30多户村民居住得较为分散，也都在计划转移之列。可是由于种种原因，这些村民一直没有被转移走。

连日暴雨，大家忧心忡忡。这一天，一声巨大的轰鸣声响彻山谷，伴随着地动山摇，山坡上的泥土、石块儿和树木迅速向下滑动，形成了汹涌的泥石流，如同一条狂暴的巨龙在山谷中肆虐，所到之处，农田被淹没，房屋被冲毁，泥石流咆哮着摧毁了这个寨子。村民们惊恐地尖叫着，试图逃离灾难，然而，在狂暴的自然灾害面前，人类的力量显得如此微不足道。

事故发生后，武警、消防、矿山救援队、社会救援组织等多部门联合抵达现场，其中就包括李远伟所在的矿山救护队。大家合力开展救援，搜寻着可能的生还者。

连续 5 天的救援，却得到了这样一个事实：30 多户村民全部遇难，其中最小的年仅 1 岁多。

时值夏夜，山区的风却寒冷凛冽。救援人员站在废墟上，他们的脸上写满了疲惫和悲痛。没有任何遮挡物，救援人员互相依偎着，互相抱着取暖，好抵挡此刻的寒冷。

曾经，贵州《劳动时报》的记者采访李远伟时问："你为什么这么拼呢？"

李远伟答："每当看到事故现场的惨烈情况，想到自己作为救援人员，和同事、队友拼尽全力多挽救一个生命，就有可能多挽救一个个家庭，怎能不拼命呢？"

李远伟的话语充满了坚定的信念，让记者深受感动。他用自己的行动诠释着救援人员的责任和担当，也让我们看到了人性中最美好的一面。

赛场上的升职记

2019 年，李远伟的腰部受了伤。当时，省级技术比赛迫在眉睫，领导考虑到团队的凝聚力和士气，还是建议李远伟带队参加这次比赛，他令人佩服的技术操作和能力和沉稳果断的性格是大家的核心和依靠。

李远伟当时还在医院接受治疗，但时间紧迫，为了团队的利益，他决定提前出院，尽快恢复身体状态，以便能够参加比赛。当时，李远伟只有几天的时间进行训练，而且腰部还打着封闭针。尽管如此，他依然全力以赴，尽自己最大的努力去参加这次竞赛。

幸运的是，李远伟在比赛中表现出色，取得了不错的成绩：李远伟带领团队获得了团体第一名的好成绩，李远伟也获得了个人第二名的荣誉。这次比赛对李远伟来说意义非凡，这不仅是他带领团队取得的重要成绩，也是他最后一次以选手的身份参加比赛。

再次登上技术大赛的舞台，李远伟已经是主教练了。

2023 年 7 月，夏日炎炎，李远伟，这位年轻而富有激情的主教练，带领着单位团队成员参加了 2023 贵州省职业技能大赛第十三届贵州省矿山救援技术竞赛。这是李远伟第一次以主教练的身份参赛，从集训到比赛，都由他独立制订训练计划并带队参赛。

集训的日子里，李远伟如同一位严格的工匠，精心雕琢着每一块儿璞玉。他深知，技术竞赛较量的不仅是技能，更是团队协作与智慧的比拼。因此，他为参赛队员制订了详细的训练计划，从基本技能的巩固到战术策略的演练，每一项都精益求精。

队员们在他的带领下，如同一支训练有素的军队，迅速进入了比赛状态。他们夜以继日地在训练场上挥汗如雨，只为在比赛中展现出最佳的状态。李远伟也时常与他们沟通交流，了解他们的想法和困惑，给予他们及时的指导和鼓励。

比赛的日子来临，李远伟和队员们来到了比赛现场。赛场气氛紧张而激烈，每一个参赛团队都铆足了劲头，准备在这场技术盛宴中大展身手。李远伟冷静地观察着对手，分析着他们的优势和劣势，为接下来的比赛做着周密的部署。

随着比赛的进行，李远伟的团队展现出了卓越的技术实力和团队协作精神。他们配合默契，技术娴熟，无论是个人单项比赛还是团队协作项目，都发挥了各自的优势，从而提高了整个团队的实力。李远伟在场上也及时地给予队员们指导和鼓励，让他们能更加自信地面对比赛。

经过一轮又一轮的激烈比拼，李远伟的团队最终脱颖而出，获得了六个单项的第一名以及团体冠军的优异成绩。胜利的喜悦涌上心头，李远伟与队员们紧紧相拥，共同庆祝这来之不易的胜利。

这场比赛对于李远伟来说，不仅是一次技术的较量，更是一次心灵的洗礼。他深刻体会到了作为主教练的责任与担当，也感受到了团队成员们为荣誉而战的决心与勇气。

在这个过程中，李远伟有着深刻的感悟：带队做教练与做选手相比，存在很大的不同。作为选手，只需要专注于自己的现场操作，确保不拖团队的后腿，尽力完成个人项目即可。然而，作为教练，需要兼顾的方面远不止这些。对此，李远伟把自己的心得写成了详细的笔记。

首先，他需要关注队员的思想状况。在平时的训练中，队员们可能会感到厌倦、疲惫，或遇到家庭事务等困扰，这会使他们无法全身心投入集训。作为教练的李远伟就需要及时与队员沟通，做好思想工作，鼓励他们保持积极的态度和专注度。他知道，只有让每个队员都保持最佳状态，才能发挥出团队的最大潜力。

其次，需要增进队员之间的团结。有时候，队员在训练过程中会因为意见不合而产生分歧。这时，作为教练，李远伟就需要发挥他的调和作用，及时化解矛盾，帮助队员建立良好的合作关系。一个团队的战斗力来源于队员之间的默契和协作，只有形成和谐的团队氛围，才能让团队在比赛中发挥出最佳水平。

再次，李远伟还意识到，作为教练，他需要积极参与对外的交流。在备战过程中，他带领队员与其他省份的队伍进行交流学习，了解他们的训练方法和技巧，向他们请教自己不熟悉的项目。通过与其他队伍的切磋交流，他们不仅学到了更多的经验和技巧，还拓宽了视野，提升了整个团队的水平。闭门造车是行不通的，只有不断与外界交流学习，才能让团队不断进步。

最后，李远伟还注重与公司内部领导保持良好的沟通。在比赛前，他与领导商讨并明确了目标和任务，确保了团队的整体平稳运作。

这几个方面都做好了，才能真正带好队伍，确保以往取得优秀的团体成绩。回顾这次比赛，李远伟深感自己收获良多。他意识到，教练不仅仅要指导队员的训练，更要关心他们的成长和发展，为他们提供全方位的支持和帮助。

2023 年 10 月，秋风送爽，李远伟再次以教练的身份，带领着他的团队踏上了前往安徽淮南的征途，参加备受瞩目的第十二届全国矿山救援技术竞赛。金黄的稻穗摇曳在淮南的田野上，仿佛在为即将到来的盛事预热。这次的比赛对李远伟来说也是一次全新的尝试和挑战。

淮南，这座古老而充满现代气息的城市，以其丰富的历史文化底蕴和蓬勃的发展活力吸引着无数人的目光。古老的八公山见证了淮南的沧桑巨变，现代的科技园区则展现了这座城市的创新与进步。在这里，李远伟和他的团队将与来自全国各地的多支救援队伍展开一场激烈的技术较量，既为提升能力，也为荣誉与尊严。

作为教练，李远伟深知自己责任重大。他不仅需要确保每一个队员都能够在比赛中发挥出自己的最佳水平，同时也要帮助他们调整好心态，冷静地面对比赛中可能出现的各种困难和挑战。因此，在比赛开始之前，李远伟就和队员们进行了充分的准备和训练，从基本技能的巩固到战术策略的演练，从心理调适到团队协作的磨合，每一项训练都倾注了李远伟的心血和汗水。

李远伟和队员们来到淮南的比赛场地。这是一个宽敞而现代化的场馆，设施齐全，氛围庄重。当队员们踏上这个赛场时，他们不可抑制地感受到了前所未有的压力和挑战。李远伟鼓励他们保持冷静和自信，要相信自己的实力和团队的力量。

比赛的过程充满了艰辛和波折，面对来自全国各地的顶尖选手，队员们遇到了很多挫折和难题，但他们没有因此而退缩。相反，他们更加团结一致，冷静应对。面对种种困难，队员们展现出了顽强的拼搏精神和卓越的技术实力。他们在赛场上挥洒汗水，一次次突破自我，挑战极限。

虽然最终没有拿到比赛的第一名，但是在李远伟的心中，结果并不是最重要的，这次比赛仍是一次巨大的成功。李远伟看到了队员们在比赛中付出的努力和汗水，也看到了他们的成长和进步。更重要的是，队员们学会了如何面对困难和挑战，如何在失败中总结经验和教训。这些宝贵的财富将伴随他们走过未来的道路，成为他们不断前进的动力。

比赛结束后，李远伟和队员们围坐在一起，分享着比赛中的点点滴滴和感悟。每个人脸上都洋溢着满足和自豪的笑容。他们知道，这次比赛是一次很好的历练机会，在未来的日子里，他们将继续努力训练，不断提升自己的技能和水平，为更高的荣誉和成就而奋斗。

李远伟除了是团队的教练，还在诸多赛事中担任裁判员的角色。2021 年 10 月，李远伟在陕煤集团第七届矿山救援暨第四届消防救援技术竞赛中担任裁判员。2023 年 9 月，在陕西省第二届矿山救援技能竞赛中，李远伟作为裁判员代表宣誓。他衣着整洁，精神抖擞，面对众多参赛选手和观众，举起右手宣誓："我，李远伟，作为本次比赛的裁判员代表，在此庄严宣誓……"他铿锵有力的誓词昭示着他将和全体裁判员一同为整场赛事公平公正地保驾护航。他时刻保持着高度警觉，密切关注着场上的每一个细节。

⊙ 李远伟（右一）担任陕煤集团第七届矿山救援暨第四届消防救援技术
　竞赛裁判员

⊙ 李远伟在陕西省第二届矿山救援技能竞赛中作为裁判员代表宣誓

无论是参赛选手的动作是否规范，还是比赛设备的运行是否正常，他都一一仔细观察和判断。

作为裁判员，他深知自己的责任重大、使命光荣，他用自己的专业知识和严谨态度，见证和守护每一场比赛的展开。

记忆中的红色

2020 年，是李远伟人生中浓墨重彩的一年，这一年，他被评为全国劳动模范。

11 月 23 日，全国劳动模范和先进工作者表彰大会的前一天，贵州省总工会组织劳模们一同前往首都北京参加表彰大会。李远伟作为其中一员，心中满溢期待与激动。

李远伟所住宾馆的庭院里有一棵巨大的银杏树。它的叶子，宛如一把把小巧的金扇，在阳光的照耀下闪烁着耀眼的光芒。每当微风吹过，它们便轻轻摇曳，发出沙沙的声响，仿佛在诉说着秋天的故事。这棵高大挺拔的银杏犹如一位守护者，静静地守护着这片宁静的天地。

许多劳模都被这棵银杏树所吸引，纷纷走到树下，拿出手机拍照留念，想要将这份美丽永远定格在记忆中。

2020年11月24日，北京的天空格外晴朗，阳光透过云层，洒向那座庄严肃穆的建筑——人民大会堂。两千余名全国劳动模范

⊙ 2020年，李远伟被评为全国劳动模范和先进工作者在此济济一堂，高唱《义勇军进行曲》，鲜红的国旗与劳模们的奖章相映生辉，照亮了庄严而神圣的人民大会堂。

当习近平总书记以矫健的步伐从后台走出来时，大家的激动情绪无以言表，空气中弥漫着庄严而神圣的气息。总书记环视会场，便示意大家坐下来。坐在第七排的李远伟感受到了前所未有的震撼，他甚至有种不真实感，他不敢相信自己居然能与党和国家领导人距离这么近，更令他感到难以置信的是，自己即将接受他们的表彰。

无数个日夜的奋战，无数场和死神的搏斗，所有的艰辛拼搏和生死一线的危险都在此刻化为胸前的这枚奖章，铭刻成了李远伟的付出和荣耀。

李远伟的心颤抖着，拿着笔的手也颤抖着。他认真地记录着习近平总书记发表的讲话，仔仔细细记下了每一个重要观点和指示。在他看来，总书记的每一字、每一句都十分珍贵，蕴含着深刻的思考和殷切的期望。

习近平总书记的话语深深触动了李远伟的内心。他感到无比振奋，深受鼓舞，自己能作为先进代表参加如此盛会，离不开集体的支持，离不开党和人民的信任，他下定决心：回到本职工作岗位上以后，一定要继续发扬劳模精神，为国家和人民作出更大的贡献。

李远伟永远都记得这一天，是冉冉升起的红色，是永不褪色的红色。

李远伟的领导和同事们对他参加这次表彰大会非常重视。他们认为这次会议不仅是对李远伟个人辛勤付出和卓越贡献的肯定，对单位的发展也有着重要的意义。为此，单位打算特别为李远伟举办一场分享会。得知这一消息，李远伟提前做了非常认真的准备，他希望能将自己的感受和思考准确地传达给到场的每一个人。

分享会当天，李远伟走上台，全场响起了热烈的掌声。他深吸一口气，开始讲述自己前往北京参加表彰大会的经历和感受：

大家好！

首先很感谢公司党委对救护大队及我个人的关怀和关心，能够进入国家最高会场参会我很荣幸，没有企业的平台，没有领导的关心和同事们的帮助，我自己也没有机会聆听习近平总书记对我们的亲切嘱托。在 11 月 20 日的送行中，张清鹏书记嘱咐我要将习近平总书记的重要讲话精神带给大家。会议期间，我认真将党中央的精神记下来，结合我个人的感受分享给大家。

一是提高政治站位，热爱劳动。

习近平总书记强调："要发扬优良传统，承担历史使命，把党和国家确定的奋斗目标作为自己的人生目标……"的确如此，国家好，民族好，大家才会好，今年初，突如其来的新冠肺炎疫情打破了我们的正常生活秩序，世界经济也受到重创，我国快速响应，团结一心，短时间内就阻断了疫情的蔓延，这体现了大国风范，我们才能得以安守。2021 年是中华民族实现第二个百年奋斗目标的首个五年的开局，当然，现阶段整个集团公司处于困难时期，我们大家要将个人联系到集体、当前联系到长远、局部联系到整体，干好本岗位工作，以小螺丝钉的精神，铸造大工程，以劳动向上的精神，为企业作贡献。热爱劳动，诚实劳动，一丝不苟地劳动，唯有劳动才能创造美好生活。

二是讲团结，促和谐。

习近平总书记强调："劳动是一切幸福的源泉。"各级人士要识大体，顾大局，我们都是劳动人民，劳动人民要干一行爱一行、钻一行精一行。特别是作为劳动模范及先进工作者，一定要做讲团结、促和谐的带头人，在各个岗位上发挥应有的劳模精神、工匠精神。

三是开启新征程，扬帆再出发。

习近平总书记在会议上说："不惰者，众善之师也。"起初我不能全部理解这句话的意思，会后深有体会。在整个集团改革发展时期，我们只有意志坚定，克服困难，才能转危机为先机，将挑战变为机遇，将困难化作动力。作为企业的一名普通劳动者，我要将过去的荣誉全部抹去，从新的起点出发，跟随公司党委，跟随救护大队领导班子的步伐，开启新征程，砥砺前行，为公司作出应有的贡献。

在人民大会堂参会期间，我感触很多，深受鼓舞，作为先进代表能够参加如此盛会，感恩组织的培养、大家的帮助，回到本职工作岗位上，我一定要发扬劳模精神。

……

2020年底，李远伟当选为贵州省青年联合会副主席。

⊙ 李远伟当选贵州省青年联合会副主席

溶洞救援记

贵州这片古老而神秘的土地，以其独特的喀斯特地貌而闻名遐迩。这种地貌主要由石灰岩构成，经过地下水和地表水对岩石长时间的侵蚀，形成了各种奇特的地貌景观，其中包括溶洞。

在救护队附近，有一个名叫水溪洞的溶洞，这个溶洞规模庞大，尚未开发，隐藏在群山的怀抱中。它如同一个神秘的世界，静静地等待着探险者的到来。2020 年底，爱好探险的 15 名驴友满怀激情踏入了这片未知的领域。大家谈笑风生，欣赏着洞内独特的钟乳石、石笋和石柱，在如同地下宫殿一般的空间，惊叹于大自然的鬼斧神工。这些钟乳石，如同倒挂的冰凌，每一根都在讲述着千百万年来的故事。而石笋则像竹笋一样从地面冒出，有的高达数米，有的则是刚刚露出头角，它们与钟乳石相互辉映，构成了洞内一处处奇异的景观。这 15 名驴友心情愉悦，享受着探险带来的刺激和乐趣。大概过去了一天一夜，大家发现周围环境越来越复杂，地势变得险峻，洞内的道路也变得曲折难行，他们开始感到迷茫，不知不觉在溶洞中迷失了方向，被困在了洞内。

水溪洞尚未开发，溶洞内部构造又复杂多变，所以存在着各种未知的危险。当地应急管理部门得到消息后，立马组织多支救援队进入搜救。李远伟带领的矿山救护队凭借着丰富的地下救援经验，成为这次行动的主力军。他们携带着专业的装备，进入这个未知的世界。

洞内湿滑而崎岖，每一步都需要小心翼翼。李远伟和队员们凭借着矿灯的光亮在溶洞中摸索前行，时而上下攀爬，时而穿越狭窄的缝隙。

经过 9 个多小时的艰苦搜寻，他们终于找到了那 15 名驴友。此时的他们已经疲惫不堪，看到救护队的到来，眼中燃起了希望的火花。李远伟和队员们迅速展开救援行动，为他们提供了食物和水，并帮助他们恢复体力。

最终，在所有人的共同努力下，15 名驴友被成功救出。走出洞口的那一刻，阳光洒在所有人的脸上，仿佛是在庆祝这场生命的奇迹。指挥部最高领导迎接他们，当即对矿山救护队表示了高度的赞扬和感谢："你们立了大功！"

得到如此评价的队员们十分高兴，这次救援行动不仅是一次义务的社会救援，更是矿山救护队作为国有企业的价值和担当。

回到单位后，李远伟和队员受到了热烈的欢迎和表彰。但李远伟知道，这只是他们职责所在，他们还会继续努力，为这片土地和人民贡献自己的力量。

⊙ 李远伟正在训练

第五章　采撷果实，破浪前行

扫码解锁

◉群英颂歌 ◉不畏艰难
◉守护生命 ◉奋斗底色

圆梦大学

2021 年初，李远伟迎来了他人生中的又一个重要时刻。少年舍学的李远伟踏入了中国劳动关系学院劳模学院的大门，这一刻，他终于圆了自己的大学梦。劳模学院是该校为了认真贯彻党中央关于从优秀工人中选拔干部、培养跨世纪后备人才的精神，在劳模本科班基础上创建的学院。

一年的脱产学习，对李远伟来说意义非凡，他专攻的是社会工作专业，这些知识的学习将是他服务社会、服务人民的重要基石。

重返校园，李远伟以一名党员和班干部的身份展现出了他的优秀品质。机会来之不易，李远伟格外珍惜，他以积极的态度和饱满的热情投入学习中。课堂上，他总是坐得端端正正，目光专注，聚精会神地听讲。

马克思学院的学者讲授毛泽东思想和中国特色社会主义理论体系概论课程时，李远伟听得格外认真。他对马克思主义中国化理论产生了浓厚兴趣，因为它不仅是理解中国特色社会主义理论体系的关键，更是指导他未来工作和学习的理论武器。

老师以深入浅出的方式详细地讲解了毛泽东思想的形成和发

展，剖析了中国特色社会主义理论体系的内涵和特点。李远伟如痴如醉，一边认真听讲，一边快速地在笔记本上记录着关键信息。他的思维随着学者的讲解不断跳跃，时而陷入沉思，时而灵光一闪，不断碰撞出新的思想火花。

课间休息时，李远伟还会和同学们一起交流学习心得。他们共同分享着对毛泽东思想的理解，探讨着中国特色社会主义理论体系在实践中的应用。这种交流不仅让李远伟更加深入地理解了课程内容，还让他感受到了同学们的热情和才华。

通过学习这门课程，李远伟对中国特色社会主义理论体系有了更进一步的认识。他了解到这一理论体系是在马克思主义指导下，结合中国国情和实践经验而形成的，具有鲜明的中国特色和时代特征。他认识到，这一理论体系不仅是中国特色社会主义事业的行动指南，也是实现中华民族伟大复兴的重要理论支撑。同时，李远伟更加坚定了自己的信念和追求，他决心要将所学知识运用到实际工作中去，为社会的和谐稳定和人民的幸福安康贡献自己的力量。

李远伟刚入学时恰逢春天，正好赶上了学校一年一度的春季运动会，校园内一片热闹景象。班主任特地找到李远伟，她的眼神中是满满的期待和信任，"李远伟，你作为班里的班干部，这次运动会，我们需要你的帮助。"班主任的话让李远伟感到肩上的担子一下子重了起来，她接着说道："由于班里其他劳模同学的年纪都比你大，而这次运动会，我们要和学院里的其他大学生一起竞争，所以我们班级在体力和年龄上都处于劣势。但我们仍须全力以赴。"

老师接着说，上一届的同学在比赛中都取得了不错的成绩，拿到了名次。希望李远伟也能在今年的比赛中为班级争光。

听了老师的话，李远伟既紧张又兴奋：这是一个挑战。既然老师把这个任务交给了自己，他就必须鼓足勇气去面对和完成它。李远伟深吸一口气，坚定地点了点头："老师，您放心，我一定会尽力的。"

和李远伟同届的，一共有三个劳模班，李远伟知道，要动员大家是一个艰巨的任务，因为有些劳模可能并不愿意参加运动会，但是李远伟不肯放弃，还是决定挨个找他们商量。

在这个过程中，李远伟和另外两个班级的负责人一起和同学们沟通，希望能够说服大家共同参与到活动中来。毕竟，大家代表的是劳模的形象，这次也是一个展示劳模风采、增进同学情谊的好机会。在他们的耐心劝说下，一些原本犹豫的同学也开始动摇了。

经过两三天的不懈努力，李远伟他们终于召集到了一些同学参加运动会。运动会比赛项目颇多，跳绳、羽毛球、网球等，应有尽有。其中还有一项篮球接力比赛，要求男女同学混合组队进行比赛。然而，女同学怕尴尬，都不愿意参加这个项目。李远伟只好再次出马，他找到女同学们，耐心地解释比赛的意义和重要性。一番劝说后，终于有两个女同学改变了主意，加入了团队。

⊙ 李远伟在中国劳动关系学院第三十四届春季运动会中获得多个单项第一

在距离运动会还有七八天时，李远伟开始忙碌起来。他找体育老师借场地，组织各个班级去练习。他亲自到场指导，确保每个人都能发挥出自己的最佳水平。在参与本班的组织和练习后，李远伟还会去其他班级帮忙，发现有的班级在组织上存在一些困难，他就主动提出帮助，与他们一起商讨解决方案。

参赛人员每天都坚持训练，不断提高自己的技能。李远伟也时刻关注着大家的进展，及时给予指导和鼓励。在他的带领下，大家齐心协力，团队的配合默契度日渐提高。

比赛的日子终于来临了。操场上彩旗飘扬，人声鼎沸。李远伟带领着班级的队伍精神抖擞地走进赛场。

在各项比赛中，大家都全力以赴，劳模班展现了出色的团队合作精神和个人技巧。他们不仅赛出了水平，赛出了风采，也获得了令人瞩目的好成绩。在团体比赛中，他们凭借出色的表现，成功地将团体第一名收入囊中；在单项比赛的跳绳等项目中也取得了单项第一的好成绩。

颁奖仪式上，班级的名字在广播中一次次响起，李远伟的心中充满了自豪和喜悦。他知道，这一切都是大家共同努力的结果。同学们靠自己的实力赢得了荣誉，沉浸在欢快的气氛中，相互拥抱、欢呼。

老师在得知大家的成绩后也是高兴不已。她特地找到李远伟，拍着他的肩膀说："李远伟，你这次做得非常好。不仅个人拿了名次，还为劳模班争得了荣誉。"听罢，李远伟感到非常自豪。

⊙ 李远伟所在班级获运动会团体第一后的欢乐场面

大家的努力和付出都得到了认可，也为班级增添了光彩，更重要的是培养了大家的团队合作精神和坚持不懈的毅力。这一切李远伟功不可没。

拾光岁月

作为一名党员和班干部，李远伟总是积极发挥带头作用，踊跃报名参加各种活动，他的校园生活紧张而充实。

2021年4月底，春日的阳光洒在校园的每一个角落，李远伟作为优秀劳模学生代表，与全国总工会领导、学校领导共同参加了劳动生产月活动的启动仪式。他站在台上，面对着众多的领导和同学，心中充满了激动和自豪。这个月，李远伟还被学校聘为15个院系的兼职辅导员和优秀宣讲员，他忙碌于各个院系之间，为同学们答疑解惑，传递正能量。他用自己的亲身经历和感悟鼓励同学们珍惜时光，努力学习，为实现自己的梦想而奋斗。

除了担任兼职辅导员和宣讲员，李远伟还两次参加了劳模学院和学校组织的党史知识竞赛。他认真准备，在比赛中分别获得第一名和第二名的优异成绩。这些荣誉的背后，是他对党的深厚感情和对党史的深刻认识。

2021年9月，在北京市海淀区紫竹院学区开展的"大国工匠

⊙ 李远伟（左一）被中国劳动关系学院聘为第四批劳模兼职辅导员

面对面"劳模精神宣讲会上，李远伟作为特邀嘉宾为 300 余名教师进行宣讲。

2022 年 1 月，李远伟以政协毕节市委员的身份出席了中国人民政治协商会议第三届毕节市委员会第一次会议。

2022 年 5 月，李远伟受邀参加贵州省的助推产业工人队伍建设改革活动。他身着工作服，与主持人及嘉宾们一起诠释着活动的主题"当好主力军，奋斗新时代——学习贯彻新《工会法》"。

回望这一年多的学习和工作，李远伟感到收获满满。他最大的收获是对党的百年奋斗重大成就和历史经验有了一个系统的认识，深刻体会到了祖国的繁荣昌盛和人民的幸福生活。他知道，这些成就来之不易，是无数先辈用汗水和智慧换来的。

作为一名"90 后"的年轻人，李远伟生逢伟大时代，感受到了祖国日新月异的变化。他所在的贵州豫能投资有限公司也在时代浪潮中不断发展壮大。自 2004 年河南能源化工集团响应国家西部大开发号召进入贵州，经整合形成资源互补发展格局，后更名为贵州豫能投资有限公司，拥有现代化矿井、化工、设备制造维修、资源等项目或单位 20 余个。公司下属的 6 个煤矿都实现了从过去人工炮采到现在的机械化采煤、智能化采煤的转变。公司目前已经建成两个智能化综采工作面、两个智能化综掘工作面，职工只需坐在指挥中心按一下启动键盘，井下就可以进行采煤作业。这些成果让李远伟的责任感和工作信心倍增。

过去，由于矿区距离城市较为偏远，矿工进城一次不容易。

⊙ 李远伟受邀在北京市海淀区紫竹院学区宣讲

而如今，在公司的努力下，实现了矿矿通进城班车，还就近在城里建设或团购了员工住宅，让职工实现了真正的安居乐业。

在中国劳动关系学院的脱产学习中，李远伟并没有忘记自己的本职工作。他仍然兼顾着单位救援工作的相关事项，特别是在年度质量标准化验收中，通过电话和网络远程指导救护大队战训科进行验收相关准备事宜，使大队顺利通过了贵州省特级救护大队的考核，完成了本职岗位一年来的重要工作。

2023年7月，夏日的阳光洒在校园的每一处，李远伟身着整洁的毕业服，戴着学士帽，在阳光下昂首挺胸。他成功完成了学业，从中国劳动关系学院顺利毕业。这一刻，他内心充满了喜悦和感慨。年少时为了减轻家里的负担，舍学打工，如今，靠着自己的努力，又重新获得了学历。少年时有担当，青年时也有力量，他一路自强不息，在人生道路上高歌猛进。

在这段难忘的学习时光里，李远伟不仅积累了丰富的专业知识，还结识了许多优秀的劳模同学。他们来自五湖四海，带着各自的梦想和追求，汇聚在这个充满活力和激情的校园里。每天，他们一同上课、讨论、实践，共同度过了一个又一个难忘的日子。

通过和他们的交流互动，李远伟看到了这些同学身上所展现出的感人品质和值得学习的地方。他们坚韧不拔，在面对困难和挑战时从不退缩，始终保持着积极向上的态度；他们有团队合作精神，懂得互相支持、协作共赢，怀揣热情共同完成各种任务和项目。此外，劳模同学的责任心和奉献精神也让李远伟深受启发。

他们不仅对自己的学业负责，还积极参与社会实践和公益活动，为社会作出了卓越贡献。

同学们身上积极向上、坚韧不拔、团队合作及奉献付出的精神和品质也伴随着李远伟走向未来的职业生涯，成为他不断成长和进步的动力。

再回顾这段岁月，李远伟心中充满了感激和怀念。那些日子仿佛就在眼前，清晰得就像昨天。在那个充满活力和激情的班级里，每个人都是那么独特，都有着自己的个性和追求。这是一段无法忘却的、开启了新征程的、激情燃烧的岁月。

英雄背后的温情

对于同事们来说，李远伟是一个亦师亦友的存在，时刻散发着正能量。可是由于工作的特殊性，李远伟的生活圈子较小。他很少有机会出去社交，基本都是和同事们一起训练或者出任务。

几年里，有一个同事和他走得特别近，经常和他一起参加各种竞赛、处理各种事故，共同面对种种考验，两人交情相当不错。2015 年的时候，这位同事结婚了，家属来到队里，大家便在一起吃饭。饭桌上，气氛热烈而欢快，朋友们举杯畅饮，谈笑风生。席间，有人给李远伟介绍了一位姑娘。和李远伟一样，这个姑娘

⊙ 李远伟从中国劳动关系学院劳模学院毕业

来自河南，为了工作来到贵州。她长得清秀可人，一双大眼睛闪烁着聪慧的光芒，笑起来的时候，脸上会露出两个浅浅的酒窝，显得甜美又可爱。

李远伟看着她，心中涌起一股莫名的感觉。他觉得她很像自己心中的那个理想伴侣，温柔、贤惠、善解人意。巧的是，他们都是河南人，有着相似的文化背景和生活习惯，这让他感到更加亲切。

饭后，两个互有好感的年轻人便开始了交往。他们一起散步、一起看电影、一起分享生活中的点滴。

随着了解的深入，两人的关系也有了突破。每天，女友都会拨打李远伟的电话，想听听他那熟悉而温暖的声音。然而，由于工作的特殊性，李远伟有时并不能及时接到电话。每当这时，女友虽然知道对方身不由己，不接电话并非他的本意，但是心中总会涌起一丝失落和抱怨。

李远伟细心而体贴，十分理解她的感受。每当他完成工作，看到手机上的未接来电，总会第一时间回拨给女友，对着电话那头耐心地解释原因，并温柔地安慰她。他的话语像春风拂面，让女友逐渐理解了他的工作性质和压力。

可刚刚平息抱怨，女友又开始了担忧。李远伟是一名救援队员，经常参与各种救援工作，瓦斯爆炸、水灾、火灾等危险情况屡见不鲜。一开始，李远伟并不会多说自己日常工作的具体内容，为了避免女友担心，他总是告诉女友，自己的日常工作并没有什么特别之处，主要是进行训练和安全应急检查，还有就是排查潜在的安全隐患，防患于未然。

不过，在相处的过程中，女友对李远伟的工作有了越来越深入的了解，开始明白男友从事的是一个具有特殊职责和任务的职业，因此难免对义无反顾冲在最前线的男友产生担忧和牵挂，她总是不厌其烦地一遍遍叮嘱李远伟："一定要注意安全。"而李远伟也总是温柔地回应着女友的关心和爱意。他知道，自己的工作让女友承受了太多的压力和担忧，因此，他更加珍惜与女友相处的每一刻时光。他会耐心地倾听女友的心声，分享自己的喜怒哀乐，让女友感受到他的坚定和执着。

两年后，随着时间的推移，李远伟和女友的感情越来越深。李远伟发现，女友不仅外表美丽，内心更是善良、纯真。李远伟也相信，她会成为自己生命中最重要的人，陪伴自己走过未来的每一个日日夜夜。女友也对李远伟有着深深的钦佩和爱慕，期待着对方最终的许诺。

2018 年，两个有情人终于决定步入婚姻的殿堂。

那一天，阳光明媚，鲜花盛开，两人手牵手站在神圣的婚礼殿堂里，誓言要相伴一生，不离不弃。亲朋好友的祝福声此起彼伏，大家的脸上洋溢着幸福的笑容。那一刻，李远伟觉得，自己和妻子就是世界上最幸福的人。

婚礼酒席结束后，李远伟并没有停留太久，他告诉妻子："我要回到贵州继续工作。"妻子虽然不舍，但也理解并支持李远伟

⊙ 李远伟正在矿井中检测有害气体

的决定。两人相拥告别，李远伟不舍地踏上了返回贵州的旅程。

　　滚滚的时间之轮将李远伟再次带到了矿山救护队这个实现个人价值与梦想的地方。

　　新婚晏尔，李远伟和妻子的生活本应如诗如画，甜蜜而宁静，然而，因为李远伟的特殊工作，他们的生活中时常夹杂着些许无奈和牵挂。

　　直到现在，李远伟夫妻二人仍然处于两地分居的状态。他们的生活被距离和时间分割成两个部分。只有假期时，两人才能短暂相聚几日。那些日子里，他们仿佛回到了新婚晏尔的时候，手牵手漫步在街头巷尾，享受着彼此的陪伴和温暖。可一旦假期结束，妻子就必须回去上班。她紧紧抱住李远伟，泪水在眼眶里打着转，而李远伟也抱住妻子，给予她最坚定的承诺和安慰。他告诉妻子，无论距离有多远，时间有多长，他们的心始终紧紧相连。所以，二人的爱情从未因为距离而减弱。即使分别的日子漫长而孤独，两个人的心始终相互理解和支持，相互依偎。

　　2023 年 10 月底，李远伟迎来了人生中的又一个重要时刻，步入了另一个人生阶段——女儿降生了，他升级成了父亲。女儿的降生使李远伟深刻感受到了作为父亲的喜悦与责任，他仿佛看到了一颗璀璨的星星，在自己的生命中闪耀。

　　然而，这份喜悦背后也隐藏着深深的遗憾。李远伟无法像其他父亲那样，每天陪伴在妻女身边，见证女儿成长的每一个瞬间。他常常在夜深人静时望着窗外的明月，思念着远方的妻女，想象着她们此刻正在做些什么，心中总是涌起无尽的愧疚。

这份愧疚更因为妻子独自抚育女儿的艰辛而加重。李远伟的妻子，一个柔弱而坚强的女子，在产后不仅要独自承担起照顾女儿的重任，还要处理繁重的家务事。双方的父母年岁已高，身体状况欠佳，李远伟的父母已经在帮忙照顾李远伟两个哥哥的孩子，无法再为她分担更多。因此，妻子只能独自面对这一切，她的忙碌和疲惫让李远伟看在眼里，疼在心里。

妻子的生活节奏异常紧凑。每天从早到晚都在忙碌，几乎没有休息的时间。有时，甚至连饭都顾不上吃，只能在孩子入睡后，匆匆给自己做一口饭吃，享受一会儿属于自己的片刻宁静。看着妻子日渐消瘦的身影，李远伟心中充满了愧疚和自责。作为丈夫和父亲，自己原本应该承担得更多。

为了减轻妻子的负担，李远伟曾提议找个保姆来帮忙照顾孩子和操持家务。然而，这个提议遭到了妻子的坚决反对："我一个人能行的。"妻子的这句话坚定而有力。她想要亲自照顾女儿，见证她的成长，不错过孩子生命中的每一个重要时刻。妻子的坚持和执着，让李远伟更加钦佩她作为母亲的伟大和无私。

李远伟知道，自己之所以能够安心在前线保护千万个家庭，离不开妻子在后方默默守护自己的小家庭。妻子的理解和支持是他前进的动力和源泉。他感激妻子对自己的包容和付出，感激她为自己所做的一切。

在妻子独立育儿的道路上，虽然总有辛酸和艰难之时，但她的坚强和勇敢让李远伟看到了她的伟大。她是一个慈爱的母亲，用无私的爱呵护着女儿；她也是一个勇敢的战士，为了家庭的幸福和完整，她甘愿付出，从未退缩。

李远伟下定决心：要一直珍惜和爱护她，为她创造一个幸福美满的家庭。他要用自己的行动让妻子感受到他对她的深深爱意和感激之情。他相信，只要两人携手并肩，无论前方的路有多么艰难，他们都能够一起走过，共同创造属于他们的美好未来。

薪火相传

2023年，在充满生机的4月，毕节职业技术学院迎来了一次前所未有的创新尝试：由当地政府和工会联合发起，在学校内正式挂牌成立了"劳模·大师"工作室，作为推动该校教学与实践深度融合的重要试点。

这个工作室的目标是吸纳当地的一些拔尖人才，包括劳模工匠、专家教授等技术精英，将他们纳入教育体系，为学校的发展注入新的活力。

作为这个项目中的一员，李远伟带着满腔热情和沉甸甸的责任感，抱着"李远伟'劳模·大师'工作室"的专属牌匾，参与到工作室的工作中。工作室的主要任务是不定期地在学校开展相关的团体活动，通过这些活动，与学生们进行互动，分享自己的经验和知识。同时，技术精英们还会定期给毕节职业技术学院的学生上课，帮助他们更好地理解和掌握专业知识。这些技术精英的到来，不仅为学校的教学注入了新的活力，更让学生们有机会与业界翘楚面对面交流，感受他们的职业精神和技术魅力。

毕节职业技术学院的专业众多，学校的主要目标是对外输送专业技术人才，锻造未来的技术之星。为了实现这个目标，学校才特地请来了各行各业的顶尖技术专家、劳模和教授，他们如同明灯般照亮了学生们的职业道路。

这些大师走进课堂，不仅传授技术和知识，更分享他们丰富的工作经验和成长历程。每一次分享都是对学生们心灵的洗礼，让他们更直观地感受到各个行业的真实面貌。

学校期望通过这样的方式为学生们打开一扇扇职业之窗，让他们了解行业的脉搏，把握未来的方向。这些大师不仅传授了知识，更在学生们心中播下了梦想的种子，引领他们朝着心中的目标奋勇前行。

李远伟很注重和学生的互动，常常通过提问、讨论等方式引导他们积极思考和探索。有时，李远伟会故意留下悬念，让学生自己思考解决方案，激发他们的创新潜能。同学们也纷纷踊跃发言，提出各种创意和想法。李远伟认真倾听，不时地点头赞许。他鼓励大家畅所欲言，不拘一格地表达自己的想法。最后，他总结道："你们的想法都很不错，这就是技术创新的魅力所在。只要我们

⊙ 李远伟加入"劳模·大师"工作室

敢于尝试、勇于创新，就一定能够攻克难题，取得突破。"

有时，李远伟会组织实践活动，学生们热情高涨，纷纷围在他的身边，认真听讲。李远伟耐心细致地讲解每一个步骤，不时地与他们互动，解答他们的疑问。他用自己的行动告诉大家，技术不仅仅是一种工具，更是一种精神，一种追求卓越、永不停歇的精神。他也时常鼓励学生们："你们做得很好，只要肯努力，就一定能够掌握好技术，实现自己的梦想。"

在与学生的互动中，李远伟不仅传授了知识，更传递了积极向上的劳模精神。他用自己的行动和言语影响着他们，让他们感受到了技术的魅力和价值。学生也对"李老师"充满敬意和感激，在"李老师"的课上，他们既理解了学习的意义，也渴望成为像他一样的技术精英。

李远伟相信，通过与技术精英们的交流和学习，学生可以更好地认识到自己的兴趣和潜力，为自己未来的发展做好充分的准备。

李远伟被工作室邀请过五次，但由于工作繁忙，他实际上只出席了三次。有两次，他因为在外地出差，无法及时赶回参加。虽然错过了与学生互动的机会，但他始终关注着工作室的动态和学生的发展。每次回到学校，他都会与学生分享他的所见所闻和心得体会。他向同学们讲述出差时遇到的技术挑战和解决方案，分享着与同行交流的心得和体会。他希望能够为学生带来更多的启示和帮助，激发他们的创新精神和求知欲。

在与学生的每一次交流中，李远伟都会被他们那份对技术的炙热渴望打动，他们眼中闪烁的光芒如同星辰照亮夜空。他见证了他们从困惑到领悟，从尝试到精通的蜕变，每一次进步都如同璀璨的火花，点亮了他的心灵。这不仅仅是技术的传递，更是梦想与努力的交融，让他深刻领悟到教育的意义和价值——点燃希望，启迪未来。李远伟的心被这份使命和责任所牵动，这让他更加坚定了自己为教育事业贡献力量的决心。

4月15日，贵州城市职业学院的教学科研行政楼四楼才艺展示厅内，一场别开生面的活动正在进行。这是由贵州省能源化学工会与贵州城市职业学院联合主办的劳模工匠进校园活动，旨在深入贯彻落实党的二十大精神，用劳模精神、劳动精神、工匠精神教育引导广大青年学子展现新作为、建功新时代。

当天的活动现场座无虚席，400余名师生怀着期待的心情，等待着一位特别的嘉宾——全国劳动模范李远伟。此刻的他不仅是劳模工匠的代表，更是无数青年学子心中的楷模。当李远伟走进展示厅的那一刻，现场的气氛瞬间达到了高潮。

李远伟站在台上，以"燃烧自己，做黑暗井底的那束光"为主题，开始了他的分享。他用朴实的语言讲述了自己在工作岗位上锤炼技能、敬业奉献、干一行爱一行的感人事迹。每一个细节都满怀真实的情感，每一个故事都散发着劳动的光芒。

他回忆起那些日夜兼程的工作时光，讲述着如何克服重重困难，不断提升自己的技能水平。他也曾害怕，也曾迷茫，但是他敬畏生命，勇担使命。他将自己的实际行动化作一道与死神搏斗的生命之光，诠释了什么是真正的劳模精神、劳动精神和工匠精神。他的讲述恰如一部生动的历史长卷，让人感受到了劳动的伟大和崇高。

活动现场的氛围热烈而庄重，掌声和欢呼声此起彼伏。师生们被李远伟的事迹所感动，被他的精神所鼓舞。他们纷纷表示，要以李远伟为榜样，大力弘扬劳模精神、劳动精神和工匠精神，努力学习、磨炼技能、提升素质，成为有理想、有本领、敢担当、能吃苦、肯奋斗的新时代青年。

活动结束后，学校正式聘请李远伟作为职业导师。这一决定不仅是对李远伟个人成就的认可，更是对劳模精神和工匠精神的肯定和传承。相信在未来的日子里，李远伟将会继续用他的智慧和力量，为贵州城市职业学院的发展贡献自己的一份力，为更多青年学子点燃理想的火焰。

这场劳模工匠进校园活动不仅是一次生动的思政教育课，更是一段淬炼精神的里程。它让广大师生深刻认识到了劳动的伟大和崇高，激发了他们追求卓越、奋发向前的信心和决心。在未来的日子里，这些青年学子将会以更加饱满的热情和更加坚定的信念为实现中华民族伟大复兴的中国梦贡献自己的力量。

春风还在吹拂，李远伟的职业生涯迎来了更多生机，他作为团代表参加了中国共产主义青年团贵州省第十五次代表大会。5月，李远伟在表彰大会上得到人社厅领导的关怀。9月，他受邀在公司

⊙ 李远伟参加中国共产主义青年团贵州省第十五次代表大会宣传照

内部宣讲《干好本职工作，就是最大的价值》。

用生命守护生命

在这个机遇和挑战并存的时代里，世界仿佛是一幅五彩斑斓的画卷。我们身边涌现出许多平凡而伟大的英雄，他们用自己的实际行动诠释着人性的光辉，温暖着社会的每一寸皮肤。而李远伟，就是这样一个人物。他每一次奔赴前线，都是用生命守护生命。他既像画卷中那平凡却闪耀着非凡光芒的一笔，又像一颗璀璨的星辰，虽然置身于浩瀚的星空中，但是他的光芒足以穿透黑暗。

与李远伟有过交集的人都忍不住对他产生钦佩之情，被他那股难以言喻的魅力所吸引。这不仅仅源于他勤奋、拼搏、积极向上的态度，更源于他那份沉甸甸的责任、坚定不移的担当、过硬的身体心理素质，他优秀的品质像一枚璀璨的棱镜，每一面都折射出不同颜色的光芒，照亮着周围的世界。

李远伟获得了诸多奖章和荣誉，每一枚都代表着他的卓越成就和无私奉献。可是在那些生死攸关、与死神搏斗的时刻，它们的光芒又怎会比李远伟这个救援人员散发出来的希望之光、生命之光更为闪耀？他知道，真正的荣耀来自那些被他救助过的人们的感激与认可，这比任何奖章都珍贵。

⊙ 李远伟受邀在公司内部宣讲

　　救护队是一个大家庭，不断迎接着新的血液、新的力量，而李远伟，就是一面旗帜，他的故事鼓舞激励着每一位成员不断勇往直前。他让人相信，每一个人都有可能成为英雄，只要勇敢地面对困难和挑战；每一个人都可以为社会作出自己的贡献，只要拥有一颗善良、勇敢的心，就能无所畏惧，发光发热。

　　即便镁光灯聚焦着这位全国劳模，他的事迹和精神被广泛传颂，但是他依然保持着那份谦逊与务实。他身材消瘦却精神饱满，眼神炯炯，透露着对生命的敬畏与热爱。他依然是那个不忘初心、牢记使命的矿山救援人员——李远伟。

 扫码解锁

◉群英颂歌 ◉不畏艰难
◉守护生命 ◉奋斗底色